Poche VISUEL

Photo, musique et vidéo

D1514436

Wiley Publishing, Inc.

maranGraphics™

Photo, musique et vidéo Poche Visuel

Publié par
Wiley Publishing, Inc.
909 Third Avenue
New York, NY 10022
www.wiley.com

Copyright © 2002 par Wiley Publishing, Inc., Indianapolis, Indiana
© 2002 par maranGraphics, Inc. pour certaines illustrations
5775 Coopers Avenue
Mississauga, Ontario, Canada
L4Z IR9

Édition française publiée en accord avec Wiley Publishing, Inc. par :

© **Éditions First Interactive, 2003**
33, avenue de la République
750011 PARIS – France
Tél. 01 40 21 46 46
Fax 01 40 21 46 20
E-mail : firstinfo@efirst.com
Web : www.efirst.com

ISBN : 2-84427-406-4
Dépôt légal : 1er trimestre 2003
Imprimé en Italie

Chaque ouvrage maranGraphics est le fruit de l'extraordinaire travail d'équipe d'une famille unique en son genre : la famille Maran, à Toronto, au Canada.

Chez maranGraphics, nous réalisons de grands et beaux livres d'informatique, en les concevant avec soin, l'un après l'autre.

Les principes de communication que nous avons développés depuis vingt-cinq ans sont à la base de chaque livre maranGraphics : les reproductions d'écran, les textes et les illustrations sont là pour vous faciliter l'assimilation des nouveaux concepts et des tâches à accomplir.

Nos dessins épousent chaque étape du texte pour illustrer visuellement les informations qui y sont contenues. Chacun est un véritable travail d'amour, la réalisation de certains dessins représentant près d'une semaine de travail !

Nous recherchons longuement le meilleur moyen d'exécuter chaque tâche, afin de vous faire gagner du temps. Ensuite, nos captures d'écran ainsi que les instructions qui les accompagnent étape par étape vous donnent toutes les indications utiles, du début jusqu'à la fin.

Nous vous remercions de votre confiance, persuadés que vous avez fait le meilleur choix en achetant nos livres. Enfin, nous espérons que vous aurez autant de plaisir à utiliser nos livres que nous en avons pris à les créer !

La famille maranGraphics

Mise en page
MADmac

Relecture
Julien Templier

TABLE DES MATIÈRES

TABLE DES MATIÈRES

DÉCOUVRIR LA PHOTOGRAPHIE NUMÉRIQUE

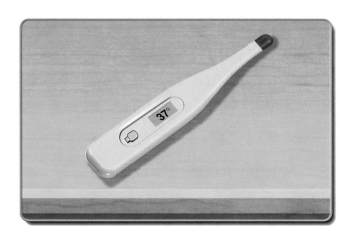

Pour la prise de vue, la plupart des appareils photo numériques sont équipés d'un écran à cristaux liquides (LCD, *Liquid Crystal Display*), sur lequel s'affiche la photo qui vient d'être prise. Libre à vous, ensuite, de conserver ou de supprimer cette dernière, selon qu'elle vous convient ou non.

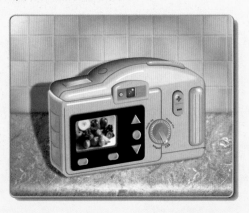

Les appareils photo numériques fonctionnent sans pellicule. Vous pouvez donc visualiser une photo aussitôt après l'avoir prise, sans perdre le temps lié au développement. Les logiciels de retouche d'images permettent ensuite d'améliorer le cliché.

PHOTOS RETOUCHABLES

Vous pouvez rectifier une photo imparfaite avec un logiciel de retouche d'images installé sur votre ordinateur.

OBTENIR UNE IMAGE NUMÉRIQUE AVEC UN SCANNEUR

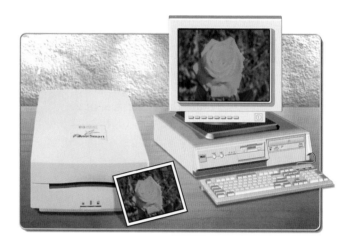

NUMÉRISER UNE PHOTO

La technique de numérisation diffère selon les types de scanneurs. Avec les modèles feuille à feuille, les photos, diapositives et négatifs défilent dans l'appareil. Avec les modèles à plat, il faut placer les photos sur une vitre. Avec les scanneurs à main, enfin, vous devez déplacer l'appareil sur la photo à numériser.

Vous pouvez acheter un scanneur spécialement destiné à la conversion de photos traditionnelles, de diapositives et de pellicules en images numériques.

ENREGISTRER UNE IMAGE NUMÉRISÉE

Le logiciel de numérisation associé au scanneur affiche un échantillon de l'image, puis permet de sauvegarder cette dernière sous forme de fichier. Si vous voulez modifier l'illustration par la suite, vous devrez utiliser un logiciel de retouche, comme Adobe Photoshop ou Photoshop Elements, Jasc Paint Shop Pro ou Corel Photo Paint.

STOCKER LES IMAGES

LES CARTES MÉMOIRE

De nombreux appareils stockent les photos sur des cartes mémoire CompactFlash. Tout comme pour les disques durs, la capacité de stockage (exprimée en mégaoctets) d'une carte mémoire varie d'une carte à l'autre. Vous trouverez des cartes mémoire de 8 Mo, 16 Mo, 32 Mo, 64 Mo, 96 Mo et 128 Mo. Plus le nombre de mégaoctets est élevé, plus vous pourrez stocker d'images sur votre appareil sans avoir à les transférer sur ordinateur.

De la capacité de stockage de la carte mémoire, ainsi que du taux de compression et de la résolution choisis dépend la quantité d'images que vous pourrez stocker dans votre appareil avant d'avoir à les transférer sur ordinateur.

LES APPAREILS À CARTE MÉMOIRE

Des appareils comme l'Olympus C-3000 et de nombreux modèles Fujifilm stockent les photos sur des cartes mémoire de la marque SmartMedia. Ils s'apparentent en de nombreux points aux appareils traditionnels.

LES DISQUETTES

Quelques appareils stockent les images sur des disquettes identiques à celles que l'on utilise sur un ordinateur.

LES APPAREILS À DISQUETTES

Pour que l'on puisse y insérer des disquettes, les appareils utilisant ce support de stockage, comme le Sony Mavica FD85, sont plus volumineux que les autres.

LA RÉSOLUTION D'IMAGE

MESURER LA RÉSOLUTION

La résolution d'un appareil, comme celle d'un moniteur, est mesurée en pixels. Elle indique en effet le nombre de pixels contenus en largeur et en hauteur dans une image. Plus les nombres sont élevés, plus l'appareil pourra saisir de pixels et produire une image de qualité. Par exemple, une résolution de 640 x 480 pixels indique que l'image contient 640 pixels en largeur et 480 pixels en hauteur.

Pour réaliser les meilleures photos, vous devez bien comprendre les effets de la résolution d'image. Cette dernière détermine la qualité de la photo.

LA RÉSOLUTION D'IMAGE

HAUTE RÉSOLUTION

Avec un réglage en haute résolution, un appareil réalise et stocke des images contenant un maximum de pixels. Si vous envisagez principalement d'imprimer vos photos numériques, optez pour un appareil qui puisse photographier en haute résolution. Pour réaliser des photos d'un format supérieur à 13 x 18 cm, la haute résolution est indispensable.

RÉSOLUTION ET TAILLE DE FICHIER

Comme la quantité de pixels capturés et stockés croît avec la résolution, la taille d'un fichier d'image avec une résolution élevée est plus importante que celle d'un fichier image en basse résolution. La taille des fichiers détermine le nombre de photos qui pourront être réalisées et stockées dans une carte de mémoire, tant que celle-ci ne sera pas remplacée par une autre, ou que les images ne seront pas téléchargées sur un ordinateur.

BASSE RÉSOLUTION

Sur les images de faible résolution, l'appareil enregistre et stocke un minimum de pixels par pouce (ppp, unité de mesure de la résolution, un pouce équivalant à 2,54 cm). Ce type d'images n'est pas destiné à être imprimé dans un format supérieur à 8 x 13 cm. En revanche, il convient parfaitement pour un affichage sur site Web et pour les envois par e-mails.

TRANSFÉRER DES IMAGES
VERS UN ORDINATEUR

LES PORTS SÉRIE

De nombreux appareils numériques de première génération utilisent le port série pour transférer les fichiers sur ordinateur. Avec les ports série, le taux de transfert est très lent, puisque les bits de données sont véhiculés un par un. À titre d'exemple, il faudra une dizaine de minutes pour transférer une image.

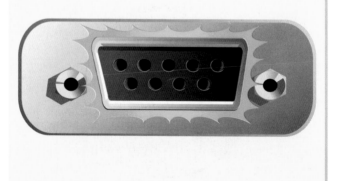

Les photos numériques peuvent être transférées sur ordinateur. La technologie mise en œuvre pour le transfert dépend du type d'appareil que vous avez acheté.

LES PORTS USB

Le port USB est le mode de connexion le plus efficace pour transférer des données rapidement. Les ordinateurs de fabrication récente sont équipés d'une ou de deux prises pour ports USB. Le port FireWire (norme IEEE 1394, inventée par Apple), encore plus rapide mais plus cher, pourrait bientôt devenir la référence en matière de transfert à haut débit.

TRANSFÉRER DES IMAGES VERS UN ORDINATEUR

LES LECTEURS DE CARTES MÉMOIRE À PORT USB

Si votre appareil numérique fonctionne en port série et que votre ordinateur soit équipé d'une prise pour port USB, vous pouvez accélérer le taux de transfert des données de l'un vers l'autre en utilisant un lecteur de cartes mémoire à port USB. Connectez le lecteur à l'ordinateur, puis insérez-y la carte mémoire issue de l'appareil numérique.

LES ADAPTATEURS FLASHPATH

Les adaptateurs FlashPath ressemblent à des disquettes et se glissent dans le lecteur de disquettes. Pour télécharger des images sur votre ordinateur, il suffit de glisser la carte mémoire dans l'adaptateur, que vous insérez ensuite dans le lecteur de disquettes.

LES DISQUETTES

Si votre appareil numérique stocke les images sur disquettes, un Copier-Coller ou un cliquer-glisser de la disquette vers le disque dur de votre ordinateur suffit pour transférer les données sur ce dernier.

CONTOURNER L'ORDINATEUR

De plus en plus d'imprimantes sont équipées d'adaptateurs et de lecteurs de cartes mémoire, qui permettent de lire et d'imprimer directement les photos, sans passer par l'ordinateur.

COMPRESSER LA TAILLE D'UN FICHIER

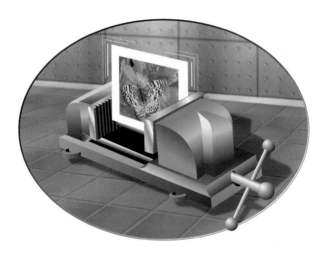

LA COMPRESSION

Compresser consiste à stocker des fichiers à une taille moindre. Les fabricants dotent leurs appareils de fonctions de compression grâce auxquelles il est possible de stocker davantage d'images avant d'avoir à les télécharger sur ordinateur ou à changer la carte mémoire. Sans compression, un appareil enregistre une image au pixel près et il en résulte une taille de fichier importante. Un appareil ne peut stocker qu'une quantité limitée de fichiers de taille importante.

Certains formats de fichiers graphiques permettent de réduire la taille d'un fichier, sans porter atteinte à la qualité ni à la variété de détails de l'image.

CHOISIR UN FORMAT DE FICHIER

JPEG

Les fichiers JPEG s'ouvrent et s'enregistrent aussi bien sur Mac que sur PC, et sont plutôt destinés à la mise en ligne sur le Web ou à l'envoi par e-mails. Ce format utilise la compression avec perte : au moment de la sauvegarde au format JPEG, l'image perd des données. Sur la plupart des logiciels de retouche d'images, il est possible de déterminer le taux de compression au moment de l'enregistrement du fichier.

GIF

Les fichiers GIF sont destinés tout particulièrement au Web et à l'envoi par e-mails. S'ils compressent sans perte de données et préservent donc la majorité des informations contenues dans une image, ils enregistrent un maximum de 256 couleurs. Les fichiers GIF imprimés paraissent imprécis et comme zébrés, car ils ne reproduisent pas toutes les nuances de couleurs de l'image originale. Une variante, le format GIF89a, permet de rendre l'image en partie transparente, et de faire ainsi apparaître le fond d'une page Web à travers elle.

TIFF

Les images TIFF, comme les images JPEG, s'ouvrent sur Mac et sur PC. Il s'agit d'un format très largement utilisé. Les fichiers TIFF reposent sur un mode de compression sans perte de données, si bien que leur taille reste importante et ne les prédestine pas à être employés sur le Web, ni envoyés par e-mails.

BMP

Créé spécifiquement à l'origine pour un usage sur PC, le format BMP sert surtout pour les fichiers de fonds d'écrans d'ordinateur. Comme ce format de fichier ne se redimensionne pas très bien, évitez de le choisir pour vos photos.

LOGICIELS DE RETOUCHE D'IMAGE

Pour améliorer une photo, il suffit parfois de modifier son orientation, de la redimensionner, d'y ajouter des effets, tels une ombre portée, ou de transformer la couleur en noir et blanc. Vous pouvez aussi intervenir sur des aspects comme la luminosité et corriger des défauts tels que les yeux rouges.

Un logiciel de retouche d'images sert à modifier l'apparence de fichiers graphiques. Vous pouvez notamment y recourir pour améliorer des photos personnelles.

FONCTIONNALITÉS

La plupart des appareils numériques sont vendus avec un logiciel de retouche d'images qui permet d'apporter des modifications élémentaires à une photo. Si vous envisagez de vous lancer sérieusement dans la photographie numérique, préférez des programmes plus évolués, tels qu'Adobe Photoshop, Jasc PaintShop Pro ou Corel PhotoPaint.

COPIER DES IMAGES D'UN APPAREIL NUMÉRIQUE

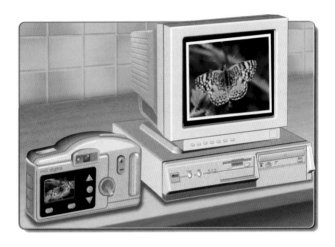

1 Cliquez **démarrer**.

2 Pointez **Tous les programmes** pour visualiser la liste des programmes installés sur votre ordinateur.

3 Pointez **Accessoires**.

4 Cliquez **Assistant Scanneur-appareil photo**.

Note. Cette option n'apparaît qu'après connexion et installation sur votre ordinateur d'un appareil photo numérique compatible AIW. Avec de nombreux modèles d'appareils photo numériques, l'assistant démarre automatiquement.

22

Vous pouvez utiliser l'assistant
Scanneur-appareil photo pour copier sur
votre ordinateur les images enregistrées
sur un appareil photo numérique.

Pour copier des images d'un appareil
photo numérique, l'appareil photo doit être
installé, connecté à l'ordinateur et allumé.
Vous devez également sélectionner un
mode spécifique pour votre appareil, tel
que le mode Connexion.

■ L'assistant Scanneur-
appareil photo apparaît.

■ Cette zone affiche le
nom de l'appareil photo
numérique installé sur votre
ordinateur.

5 Cliquez **Suivant** pour
continuer.

COPIER DES IMAGES D'UN APPAREIL NUMÉRIQUE

Quels sont les avantages procurés
par un appareil photo numérique ?

Economique

Vous pouvez imprimer vos
propres photos et éviter ainsi
de vous adresser à une
boutique de développement
photo. Vous n'avez plus à
acheter de pellicule puisque les
appareils photo numériques
enregistrent vos prises
sur un média
réutilisable.

━━ COPIER DES IMAGES D'UN APPAREIL NUMÉRIQUE (SUITE) ━━

■ Cette zone affiche les images
enregistrées sur l'appareil photo
numérique. Windows copiera
chaque image affectée d'une
marque de sélection (✔).

6 Pour ajouter ou supprimer une
marque de sélection, cliquez sur la
case à cocher correspondante (☐).

■ Pour rapidement
sélectionner ou
désélectionner
l'ensemble des images,
cliquez **Tout effacer**
ou **Sélectionner tout**.

7 Cliquez **Suivant**
pour continuer.

Résultats optimaux

Les appareils photo numériques permettent de prévisualiser les photos et de reprendre instantanément celles dont vous n'êtes pas satisfait. Lorsqu'il s'agit d'imprimer les photos, vous pouvez sélectionner uniquement celles de votre choix.

Partage facile des images

Une fois que vous avez transféré les images depuis votre appareil photo sur votre ordinateur, vous pouvez utiliser les images dans des documents, les publier sur le Web, ou encore les envoyer à vos amis par courrier électronique.

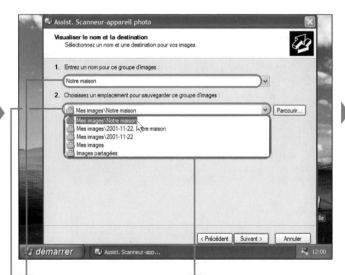

8 Saisissez un nom pour le groupe d'images.

9 Cliquez cette zone pour lister les dossiers où il est possible d'enregistrer les images.

10 Cliquez le dossier où vous souhaitez stocker les images.

Note. Vous pouvez enregistrer les images dans le dossier Mes images, dans un sous-dossier de Mes images, ou dans le dossier Images partagées.

COPIER DES IMAGES D'UN APPAREIL NUMÉRIQUE

11 Si vous souhaitez supprimer les images de votre appareil après les avoir copiées sur votre ordinateur, cliquez cette option (☐ devient ☑).

12 Cliquez **Suivant** pour copier les images sur l'ordinateur.

■ Vous pouvez cliquez **Précédent** pour revenir à une étape antérieure et modifier vos sélections.

Une fois les images transférées sur votre ordinateur, vous pouvez choisir de supprimer les images de votre appareil photo numérique.

Si vous supprimez les images enregistrées sur votre appareil photo numérique, elles seront définitivement perdues.

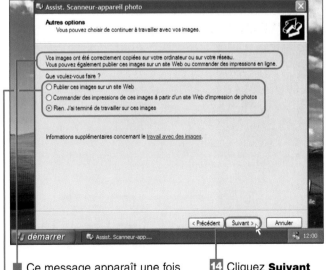

■ Ce message apparaît une fois que la copie des images s'est correctement déroulée.

13 Cliquez une option pour spécifier si vous souhaitez publier les images sur un site Web, ou passer commande de tirages auprès d'un site dédié à l'impression en ligne.

14 Cliquez **Suivant** pour continuer.

Note. Si, à l'étape 13, vous décidez de publier les images ou de passer commande de tirages, suivez les instructions de l'assistant.

COPIER DES IMAGES D'UN APPAREIL NUMÉRIQUE

Que puis-je faire avec mes images ?

Windows propose plusieurs opérations à accomplir avec les images lorsque vous les visualisez.

Visualiser un diaporama

Affiche les images sous forme de diaporama en plein écran.

━━ COPIER DES IMAGES D'UN APPAREIL NUMÉRIQUE (SUITE) ━━

■ Ce message apparaît au terme de la procédure de l'assistant Scanneur-appareil photo.

■ Cette zone affiche le nombre d'images que l'assistant a copié sur votre ordinateur.

15 Cliquez **Terminer** pour clore l'assistant.

Imprimer les images sélectionnées

Imprimez les images sélectionnées à l'aide de l'assistant Impression de photographies. Pour plus d'informations sur l'utilisation de cet assistant, consultez la page 46.

Envoyer ce fichier par courrier électronique

Envoyez par courrier électronique une image à vos amis, collègues ou membres de votre famille. Pour plus d'informations sur le transfert de fichiers par courrier électronique, consultez la page 54.

■ Le dossier contenant les images apparaît.

■ Chaque image affiche le nom spécifié à l'étape **8** complété par un numéro d'ordre séquentiel.

16 Lorsque vous avez terminé de consulter les images, cliquez ⊠ pour fermer le dossier.

NUMÉRISER UN DOCUMENT

1 Cliquez **démarrer**.

2 Pointez **Tous les programmes** pour visualiser la liste des programmes installés sur votre ordinateur.

3 Pointez **Accessoires**.

4 Cliquez **Assistant Scanneur-appareil photo**.

Note. L'option Assistant Scanneur-appareil photo n'est utilisable qu'après connexion et installation sur votre ordinateur d'un scanneur compatible AIW (Acquisition d'images Windows).

Vous pouvez utiliser l'assistant Scanneur-appareil photo pour numériser des documents papier et les enregistrer sur votre ordinateur.

Vous pouvez numériser différents types de documents : des photographies, des dessins, des rapports, des articles de journaux et des formulaires.

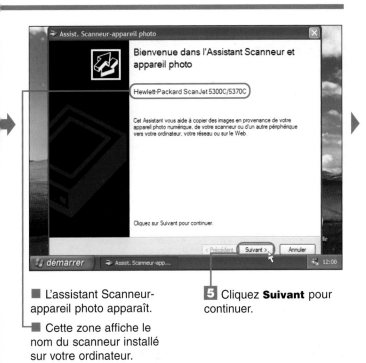

■ L'assistant Scanneur-appareil photo apparaît.

└─■ Cette zone affiche le nom du scanneur installé sur votre ordinateur.

5 Cliquez **Suivant** pour continuer.

NUMÉRISER UN DOCUMENT

Quels types de documents puis-je numériser ?

L'assistant Scanneur-appareil photo permet de spécifier le type de document à numériser. Vous pouvez numériser une image couleurs, en noir et blanc, en niveaux de gris, ou un document texte. À titre d'exemple, si vous souhaitez numériser un document composé uniquement de niveaux de gris, sélectionnez l'option correspondante à l'étape **6** ci-dessous.

 Couleur

 Niveaux de gris

 Noir et blanc

Document texte

NUMÉRISER UN DOCUMENT (SUITE)

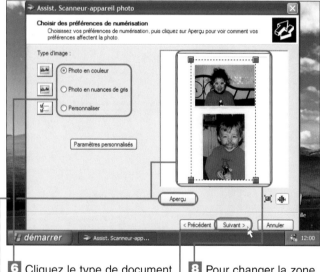

6 Cliquez le type de document que vous souhaitez numériser (○ devient ◉).

7 Cliquez ce bouton pour prévisualiser le document.

■ Cette zone affiche un aperçu. Une ligne en pointillé entoure la partie que Windows va scanner.

8 Pour changer la zone à numériser, amenez le pointeur ↖ au-dessus d'une poignée (■) et tirez la poignée jusqu'à ce que la ligne en pointillé entoure la zone souhaitée.

9 Cliquez **Suivant**.

Quel format de fichier faut-il choisir pour un document numérisé ?

Le format de fichier que vous devez sélectionner dépend de la manière dont vous envisagez d'utiliser le document. Les formats de fichier BMP et TIF produisent des images de qualité supérieure. Les formats JPG et PNG sont conseillés pour les images que vous souhaitez publier sur le Web.

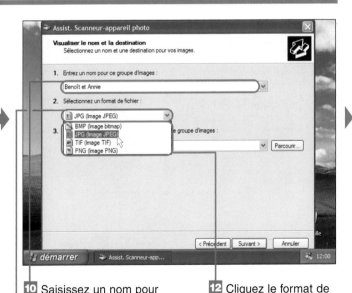

10 Saisissez un nom pour le document numérisé.

11 Cliquez cette zone pour lister les formats de fichier disponibles que Windows peut utiliser pour enregistrer le document.

12 Cliquez le format de fichier souhaité.

NUMÉRISER UN DOCUMENT

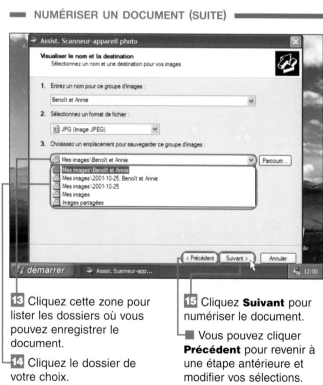

13 Cliquez cette zone pour lister les dossiers où vous pouvez enregistrer le document.

14 Cliquez le dossier de votre choix.

15 Cliquez **Suivant** pour numériser le document.

■ Vous pouvez cliquer **Précédent** pour revenir à une étape antérieure et modifier vos sélections.

Vous pouvez sélectionner sur votre ordinateur le dossier où enregistrer les documents numérisés.

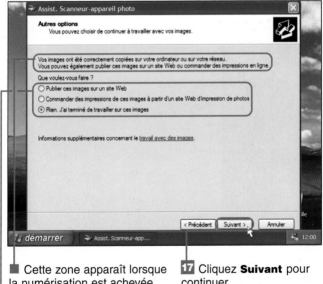

■ Cette zone apparaît lorsque la numérisation est achevée.

16 Cliquez une option pour spécifier si vous souhaitez publier le document sur un site Web ou commander en ligne des impressions du document auprès d'un site Web spécialisé (○ devient ◉).

17 Cliquez **Suivant** pour continuer.

Note. Si, à l'étape 16, vous décidez de publier le document ou de passer commande d'impressions, suivez les instructions de l'assistant. Pour plus d'informations sur la publication de fichiers sur le Web, consultez la page 58.

NUMÉRISER UN DOCUMENT

Quel dossier dois-je utiliser pour
enregistrer mes documents numérisés ?

Mes images

Si vous voulez bénéficier
d'un accès rapide au
document numérisé,
enregistrez-le dans le
dossier Mes images.

NUMÉRISER UN DOCUMENT (SUITE)

■ Ce message apparaît
une fois le travail de
l'assistant achevé.

18 Cliquez **Terminer**
pour fermer l'assistant.

Un sous-dossier de Mes images

Pour maintenir à part des autres images le document numérisé, enregistrez le document dans un sous-dossier de Mes images. Pour nommer le sous-dossier, vous pouvez sélectionner le nom attribué au document numérisé, la date du jour, voire les deux.

Images partagées

Si vous souhaitez que les autres utilisateurs de votre ordinateur soient en mesure d'accéder au document numérisé, enregistrez le document dans le dossier Images partagées. Ce dossier réside dans le dossier Documents partagés de votre ordinateur.

■ Le dossier contenant le document numérisé apparaît.

■ Le document numérisé est sélectionné. Il porte le nom que vous lui avez attribué à l'étape **10**.

■ Pour ouvrir le document numérisé, double-cliquez-le.

19 Une fois que vous avez terminé de visualiser le document, cliquez ✕ pour fermer le dossier.

VISUALISER LES IMAGES

1 Double-cliquez l'image à afficher.

■ La fenêtre Aperçu des images et des télécopies Windows apparaît.

Vous pouvez consulter des illustrations présentes sur votre ordinateur sans ouvrir de programme de retouche d'images. Cela permet d'obtenir un aperçu très détaillé du graphisme.

Par défaut, la plupart des images présentes sur votre ordinateur sont stockées dans le dossier Mes images.

2 Pour agrandir ou réduire la taille de l'image, cliquez l'un de ces boutons.

🔎 Zoom avant

🔍 Zoom arrière

3 Pour afficher l'image à sa taille réelle ou à une taille mieux adaptée aux dimensions de la fenêtre, cliquez l'un de ces boutons.

🔲 Taille la mieux adaptée

🔘 Taille réelle

VISUALISER LES IMAGES

Puis-je consulter un diaporama de mes images ?

Quand vous affichez une image dans la fenêtre Aperçu des images et des télécopies Windows, il est possible de cliquer  pour afficher un diaporama de toutes les illustrations stockées dans le dossier en cours.
Vous pouvez ensuite arrêter le diaporama à tout moment en appuyant sur Échap.

4 Pour faire pivoter l'image de 90 degrés, cliquez l'un de ces boutons.

⬛ Rotation horaire

⬛ Rotation anti-horaire

*Note. Si la rotation risque d'altérer la qualité de l'image, une boîte de dialogue en informe. Cliquez **Oui** ou **Non**, selon que vous voulez ou non effectuer la rotation.*

5 Pour imprimer l'image, cliquez 🖨.

Note. Quand vous décidez d'imprimer l'image, l'assistant Impression de photographies apparaît. Pour l'utiliser, consultez la page 58.

Comment modifier une image ?

Pour modifier une illustration en cours de consultation, vous pouvez l'ouvrir dans un programme de retouche d'images. Fermez auparavant la fenêtre Aperçu des images et des télécopies Windows en cliquant ⊠.

6 Pour consulter d'autres images du même dossier, cliquez l'un des boutons ci-dessous, en vue d'afficher l'illustration précédente ou suivante.

🔘 Image précédente

🔘 Image suivante

7 Après avoir consulté les images, fermez la fenêtre Aperçu des images et des télécopies Windows en cliquant ⊠.

PLACER UNE IMAGE EN ARRIÈRE-PLAN DU BUREAU

PLACER UNE IMAGE EN ARRIÈRE-PLAN DU BUREAU

1 Cliquez une zone vierge du bureau avec le bouton droit. Un menu apparaît.

2 Cliquez **Propriétés**.

■ La boîte de dialogue Propriétés de Affichage s'ouvre.

Vous pouvez choisir une image, une couleur d'arrière-plan, voire les deux pour décorer votre bureau.

Vous pouvez utiliser l'une des images fournies par Windows, ou en sélectionner une autre et l'afficher en arrière-plan de votre bureau.

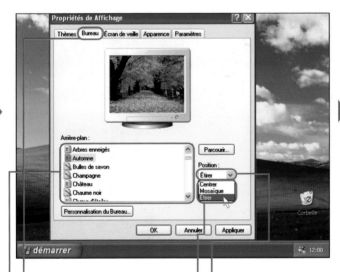

3 Cliquez l'onglet **Bureau**.

4 Pour afficher une image sur le bureau, cliquez celle que vous souhaitez employer.

Note. Les images enregistrées dans votre dossier Mes images apparaissent dans la liste.

5 Pour sélectionner la manière dont vous souhaitez afficher l'image, cliquez cette zone.

6 Cliquez l'option correspondant à votre choix.

PLACER UNE IMAGE EN ARRIÈRE-PLAN DU BUREAU

De quelles manières puis-je afficher l'image sur le bureau ?

Windows propose trois options différentes :

Centrer

Affiche l'image au centre de l'écran.

Note. Si vous sélectionnez une image dont la taille occupe la totalité de l'écran, la sélection de l'une de ces options n'aura aucun effet sur la manière dont l'image apparaîtra sur le bureau.

━━ PLACER UNE IMAGE EN ARRIÈRE-PLAN (SUITE) ━━

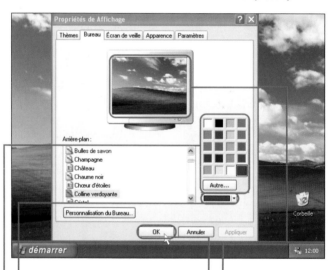

7 Pour sélectionner une couleur à appliquer au bureau, cliquez cette zone afin d'afficher la liste des couleurs disponibles.

8 Cliquez la couleur de votre choix.

Note. Si vous avez sélectionné une image à l'étape 4, la couleur choisie comblera tous les espaces laissés inoccupés par l'image.

■ Cette zone montre un aperçu de l'image et/ou de la couleur que vous avez sélectionnées.

9 Cliquez **OK** pour appliquer l'image et/ou la couleur au bureau.

Mosaïque

Répète l'image jusqu'à ce qu'elle remplisse l'écran.

Étirer

Étire l'image de manière à ce qu'elle occupe l'intégralité de l'écran.

■ L'image et/ou la couleur apparaissent sur le bureau.

■ Pour supprimer une image du bureau, répétez les étapes **1** à **4** en veillant à sélectionner l'option **(Aucun)** à l'étape **4**. Passez ensuite à l'étape **9**.

IMPRIMER DES IMAGES

1 Cliquez **démarrer**.

2 Cliquez le dossier **Mes images** pour afficher les images qui y sont stockées.

Vous pouvez faire appel à l'assistant
Impression de photographies pour
imprimer vos images.

■ Le contenu du dossier
Mes images apparaît.

3 Cliquez **Imprimer
les images** pour lancer
l'impression des images
contenues dans le
dossier.

*Note. Pour imprimer les
images stockées dans un
sous-dossier de Mes images,
cliquez le sous-dossier avant
d'exécuter l'étape 3.*

IMPRIMER DES IMAGES

Comment obtenir une qualité d'impression optimale de mes images ?

Utiliser un papier de qualité supérieure

Votre imprimante devrait permettre l'emploi d'un papier glacé ou de luxe spécifiquement conçu pour l'impression d'images. Ce type de papier produira les meilleurs résultats.

Sélectionner une haute résolution

Vérifiez que votre imprimante est réglée avec la résolution la plus élevée possible. Une haute résolution donne généralement de bons résultats, mais l'impression est plus longue.

━━ IMPRIMER DES IMAGES (SUITE) ━━

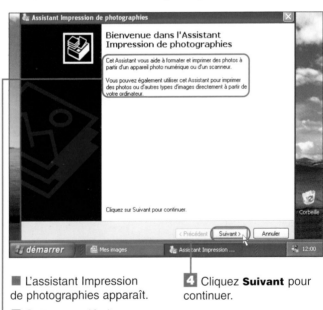

■ L'assistant Impression de photographies apparaît.

└─ ■ Cette zone décrit l'assistant.

4 Cliquez **Suivant** pour continuer.

Puis-je utiliser l'assistant Impression de photographies pour imprimer des images stockées dans un autre dossier que Mes images ?

Oui. Lorsque vous demandez l'impression d'une image enregistrée à un autre emplacement, l'assistant Impression de photographies apparaît automatiquement et vous propose son aide. Vous pouvez imprimer des images stockées à un autre emplacement comme vous le feriez avec n'importe quel fichier.

■ Ici s'affiche une version miniature de chacune des images. Windows imprimera toutes les images dotées d'une marque de sélection (✔).

5 Ajoutez ou supprimez une marque de sélection en cliquant la case à cocher de l'image concernée (☐).

■ Pour rapidement sélectionner ou désélectionner toutes les images, cliquez **Sélectionner tout** ou **Effacer tout**.

6 Cliquez **Suivant** pour continuer.

IMPRIMER DES IMAGES

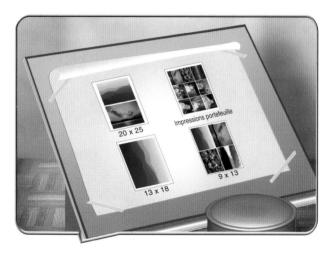

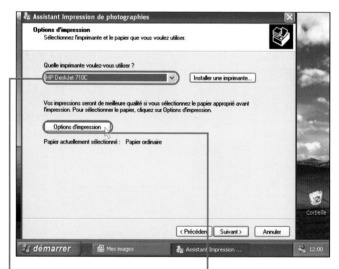

■ Cette zone indique l'imprimante qui sera employée pour l'impression. Cliquez cette zone si vous souhaitez sélectionner une autre imprimante.

7 Cliquez **Options d'impression** pour sélectionner le papier à utiliser.

■ La boîte de dialogue des propriétés de l'imprimante apparaît.

L'assistant Impression de photographies vous permet de choisir la configuration des images à imprimer.

Vous pouvez choisir d'imprimer plusieurs images sur une feuille de papier. Certaines configurations sont susceptibles de recadrer une image imposante afin qu'elle tienne sur la page.

■ Cette zone indique l'emplacement du papier sélectionné. Cliquez cette zone si vous souhaitez changer la source d'alimentation papier.

■ Cette zone indique le type de papier sélectionné. Cliquez cette zone si vous souhaitez changer de type de papier à utiliser.

Note. Les paramètres disponibles dépendent de votre imprimante

8 Cliquez **OK** pour confirmer vos modifications.

9 Cliquez **Suivant** pour continuer.

51

IMPRIMER DES IMAGES

Que puis-je faire d'autre avec mes images ?

Le dossier Mes images propose plusieurs options qui vous permettent d'entreprendre différentes tâches.

Afficher un diaporama

Affiche l'ensemble des images contenues dans le dossier Mes images sous forme d'un diaporama en plein écran.

IMPRIMER DES IMAGES (SUITE)

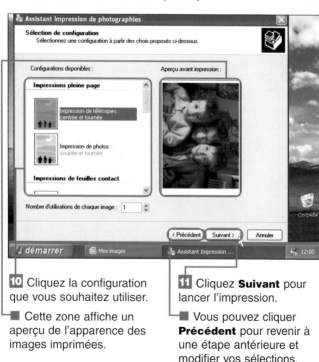

10 Cliquez la configuration que vous souhaitez utiliser.

■ Cette zone affiche un aperçu de l'apparence des images imprimées.

11 Cliquez **Suivant** pour lancer l'impression.

■ Vous pouvez cliquer **Précédent** pour revenir à une étape antérieure et modifier vos sélections.

Commander des photos sur Internet

Transmet les images sélectionnées à un site Web auquel vous pouvez commander des impressions de vos images.

Définir en tant que papier peint du bureau

Utilisez une image comme papier peint de votre bureau. Pour plus d'informations à ce sujet, consultez la page 42.

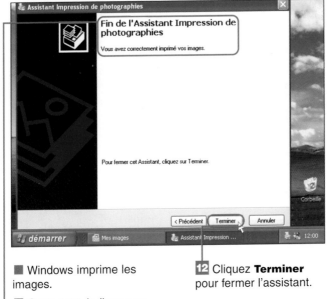

■ Windows imprime les images.

■ Cette zone indique que l'action entreprise avec l'assistant Impression des photographies s'est correctement déroulée.

12 Cliquez **Terminer** pour fermer l'assistant.

ENVOYER UNE IMAGE PAR COURRIER ÉLECTRONIQUE

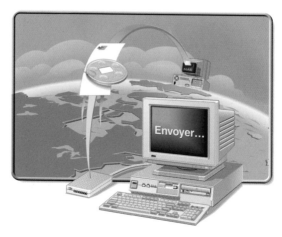

■ ENVOYER UN FICHIER PAR COURRIER ÉLECTRONIQUE ■

1 Cliquez le fichier à envoyer dans un message électronique.

■ Pour envoyer simultanément plusieurs fichiers, sélectionnez-les.

2 Cliquez **Envoyer ce fichier par courrier électronique**.

Note. Si vous avez sélectionné plusieurs fichiers, cliquez **Envoyer les éléments sélectionnés par courrier électronique** *à l'étape 2.*

Vous pouvez transmettre à vos amis, collègues ou membres de votre famille, un fichier par courrier électronique. Vous devez toutefois disposer d'un compte de messagerie sur votre ordinateur.

Vous pouvez transmettre par messagerie différents types de fichier, y compris des documents, images, vidéos et sons. L'ordinateur réceptionnant le fichier doit être équipé du matériel et logiciel nécessaires pour afficher ou diffuser le fichier.

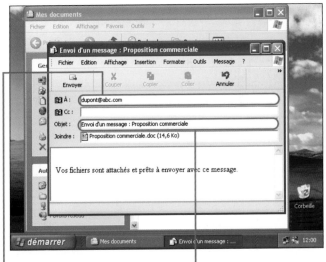

■ Une fenêtre apparaît : c'est ici que vous saisirez votre message.

3 Saisissez l'adresse électronique du destinataire.

Note. Pour envoyer le même message à plusieurs personnes, séparez chaque adresse électronique par un point virgule (;).

4 Windows reprend le nom du fichier dans la ligne Objet. Pour spécifier un objet différent pour le message, faites glisser le pointeur de souris I au-dessus du texte inséré et saisissez l'objet de votre choix.

ENVOYER UNE IMAGE PAR COURRIER ÉLECTRONIQUE

Pourquoi une boîte de dialogue apparaît elle lorsque je tente d'envoyer une image par courrier électronique?

Windows peut changer la taille d'un fichier et les dimensions d'une image que vous souhaitez transmettre dans un message électronique de manière à ce que le transfert sur Internet soit plus rapide et que l'image s'intègre mieux à l'écran du destinataire. La réduction de la taille d'un fichier image est utile lorsqu'il s'agit de transférer des images volumineuses, car la plupart des fournisseurs de compte de messagerie n'autorisent pas l'envoi de messages dont la taille excède 2 Mo.

■■■ ENVOYER UN FICHIER (SUITE) ■■■

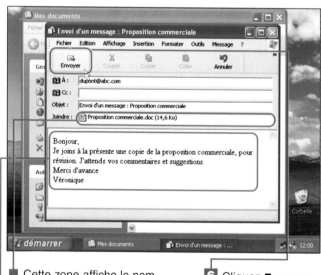

■ Cette zone affiche le nom et la taille du fichier sélectionné.

5 Windows inclut un message indiquant que vos fichiers sont joints. Pour changer de message, faites glisser le pointeur de souris I au-dessus du message initial et saisissez un texte.

6 Cliquez **Envoyer**.

Note. Si vous n'êtes pas encore connecté à Internet, une boîte de dialogue s'ouvre et permet d'établir la connexion.

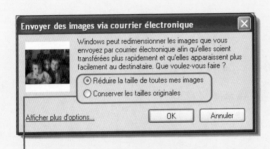

Envoyer des images via courrier électronique

Windows peut redimensionner les images que vous envoyez par courrier électronique afin qu'elles soient transférées plus rapidement et qu'elles apparaissent plus facilement au destinataire. Que voulez-vous faire ?

- ● Réduire la taille de toutes mes images
- ○ Conserver les tailles originales

Afficher plus d'options...   OK   Annuler

■ Cliquez une option pour réduire la taille de l'image ou conserver sa taille originale (○ devient ●). Appuyez ensuite sur la touche **Entrée**.

■■■ ENVOYER UNE IMAGE SITUÉE SUR LE BUREAU ■■■

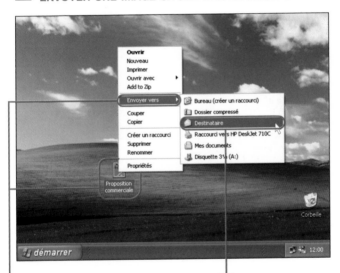

1 Cliquez avec le bouton droit le fichier que vous souhaitez joindre au message électronique. Un menu apparaît.

2 Cliquez **Envoyer vers**.

3 Cliquez **Destinataire**.

4 Répétez les étapes **3** à **6** de la page précédente pour composer et envoyer votre message.

PUBLIER DES IMAGES SUR LE WEB

1 Cliquez le fichier à publier sur le Web.

■ Pour publier plusieurs fichiers simultanément, sélectionnez l'ensemble des fichiers.

2 Cliquez **Publier ce fichier sur le Web**.

*Note. Si vous avez sélectionné plusieurs fichiers, cliquez **Publier les éléments sélectionnés sur le Web** à l'étape 2.*

Vous pouvez publier sur le Web des fichiers tels que des documents et des images de manière que vos amis ou collègues puissent les visualiser.

Si vous n'avez qu'un ou deux petits fichiers à faire partager à un tiers, il est préférable de les joindre à un message électronique. Pour insérer des fichiers à un courrier électronique, consultez la page 54.

■ La boîte de dialogue Assistant Publication de sites Web apparaît.

■ Cette zone décrit l'assistant.

3 Cliquez **Suivant** pour poursuivre.

PUBLIER DES IMAGES SUR LE WEB

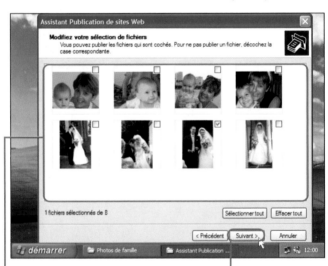

■ Cette zone affiche le contenu du dossier qui abrite le fichier à publier. Windows s'apprête à publier chaque fichier doté d'une marque de sélection (✔).

◄4 Pour ajouter ou retirer une marque de sélection d'un fichier, cliquez la case à cocher affiliée au fichier (☐).

5 Cliquez **Suivant**.

Note. Si vous n'êtes pas encore connecté à l'Internet, une boîte de dialogue s'ouvre et permet d'établir la connexion.

Pourquoi l'Assistant Publication de sites Web me demande-t- il de configurer un compte après que j'ai choisi un fournisseur de services ?

La première fois que vous publiez un fichier sur le Web, vous devrez définir un compte auprès d'un fournisseur de services. Suivez pour cela les instructions affichées à l'écran. Pour définir un compte, vous serez peut-être obligé d'obtenir un Passport qui vous permet d'accéder à de nombreux services sur l'Internet à l'aide d'un unique nom d'utilisateur et mot de passe. Si vous aviez au préalable établi un compte, vous serez invité à accéder à votre compte avant de poursuivre.

6 Cliquez le fournisseur de services à utiliser pour publier le fichier.

7 Cliquez **Suivant**.

Note. Les prochains écrans dépendent du fournisseur de services sélectionné. Un fournisseur de services est susceptible de changer les options affichées dans les écrans afin de faciliter l'emploi de l'assistant ou pour proposer des options différentes.

PUBLIER DES IMAGES SUR LE WEB

PUBLIER DES IMAGES SUR LE WEB (SUITE)

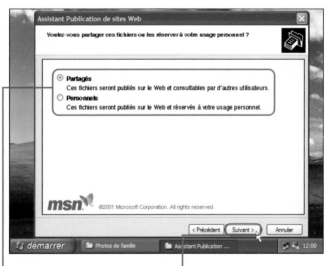

8 Cliquez une option pour spécifier si vous voulez publier le fichier à des fins personnelles ou non (○ devient ◉).

9 Cliquez **Suivant**.

*Note. Si vous avez sélectionné l'option **Personnels** à l'étape **8**, passez directement à l'étape **16**.*

Si, pour publier votre fichier, vous avez opté pour le fournisseur de services MSN, vous avez le choix entre partager votre fichier avec d'autres, et publier le fichier pour un usage strictement privé.

10 Pour créer une communauté sur le Web à l'emplacement où vous voulez publier le fichier, cliquez cette option.

11 Cliquez **Suivant**.

Note. Si vous avez déjà créé une communauté sur le Web, cliquez le nom de cette communauté à l'étape 10, et passez directement à l'étape 16.

PUBLIER DES IMAGES SUR LE WEB

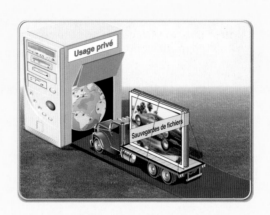

12 Saisissez le nom à donner à la communauté que vous souhaitez créer pour enregistrer les fichiers publiés.

■ Cette zone affiche votre adresse de messagerie.

Pourquoi vouloir publier un fichier à usage privé ?

Vous pouvez publier un fichier à usage privé pour
enregistrer une copie de sauvegarde d'un fichier
important en cas de panne de votre ordinateur ou de
suppression accidentelle du fichier. Vous pouvez
également publier un fichier de manière à pouvoir y
accéder depuis plusieurs endroits. Par exemple, vous
pouvez publier une présentation que vous envisagez de
délivrer afin de bénéficier de plusieurs points d'accès.

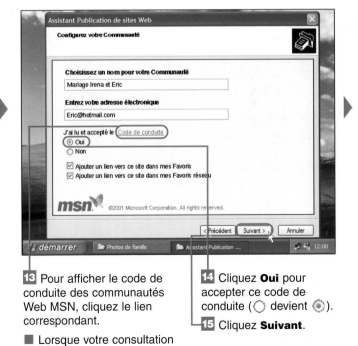

13 Pour afficher le code de
conduite des communautés
Web MSN, cliquez le lien
correspondant.

■ Lorsque votre consultation
du code de conduite est
terminée, cliquez ⊠ pour
fermer la fenêtre.

14 Cliquez **Oui** pour
accepter ce code de
conduite (○ devient ◉).

15 Cliquez **Suivant**.

PUBLIER DES IMAGES SUR LE WEB

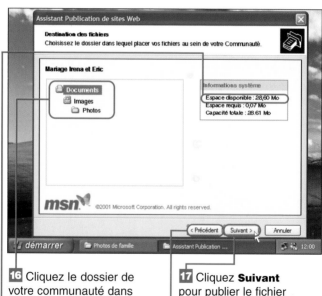

16 Cliquez le dossier de votre communauté dans lequel vous voulez publier le fichier.

■ Cette zone affiche l'espace disponible dans votre communauté.

17 Cliquez **Suivant** pour publier le fichier sur le Web.

■ Cliquez **Précédent** si vous souhaitez revenir à une étape antérieure et modifier vos sélections.

Si vous publiez une image, l'assistant Publication de sites Web peut ajuster la taille de l'image de manière à en accélérer le transfert et en faciliter l'affichage sur écran informatique.

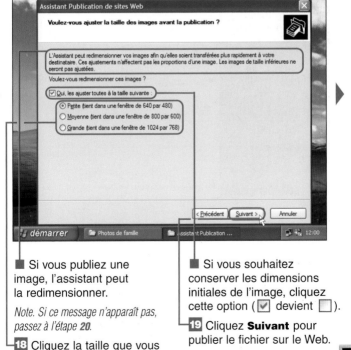

■ Si vous publiez une image, l'assistant peut la redimensionner.

Note. Si ce message n'apparaît pas, passez à l'étape 20.

–18 Cliquez la taille que vous souhaitez appliquer à votre image (○ devient ◉).

■ Si vous souhaitez conserver les dimensions initiales de l'image, cliquez cette option (☑ devient ☐).

–19 Cliquez **Suivant** pour publier le fichier sur le Web.

PUBLIER DES IMAGES SUR LE WEB

Comment puis-je gérer les fichiers
publiés sur le Web ?

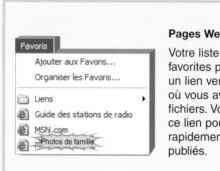

Pages Web favorites

Votre liste de pages Web
favorites peut proposer
un lien vers le site Web
où vous avez publié les
fichiers. Vous utiliserez
ce lien pour afficher
rapidement vos fichiers
publiés.

PUBLIER DES IMAGES SUR LE WEB (SUITE)

■ Ce message apparaît
lorsque la publication de
votre fichier sur le Web a
été couronnée de succès.

━ Cette zone affiche la
communauté Web MSN où
le fichier est accessible.

20 Cliquez **Terminer**
pour fermer l'assistant.

■ La fenêtre Microsoft
Internet Explorer s'ouvre
et affiche le site Web où
vous avez publié le
fichier.

Favoris réseau

Une fois que vous avez publié des fichiers sur le Web, la fenêtre Favoris réseau est en mesure d'abriter un dossier contenant des liens vers les fichiers publiés. Lorsque vous êtes connecté à l'Internet, vous pouvez ajouter

ou supprimer des fichiers du dossier pour ajouter ou supprimer des fichiers sur le Web.

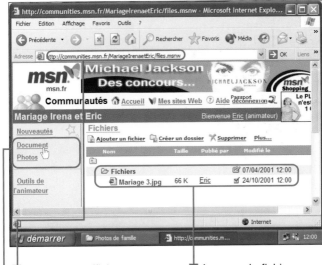

■ Cette zone affiche l'adresse de la page Web permettant d'accéder au fichier.

21 Cliquez le dossier dans lequel vous avez publié le fichier.

■ Le nom du fichier publié apparaît dans cette zone. Pour visualiser le fichier, cliquez son nom.

Note. Si vous avez publié le fichier dans un album photos, cliquez le nom de l'album pour voir le nom du fichier.

LIRE UN SON OU UNE VIDÉO

1 Double-cliquez le fichier audio ou vidéo que vous souhaitez lire.

■ La fenêtre Lecteur Windows Media apparaît.

Le Lecteur Windows Media permet de lire un grand nombre de types de sons et de vidéos sur votre ordinateur.

Vous obtiendrez des fichiers audio et vidéo sur l'Internet ou dans les boutiques informatiques.

■ Si vous avez sélectionné un fichier vidéo, cette zone affiche la vidéo.

Note. Si vous avez sélectionné un fichier audio, le son est diffusé. Cette zone affiche dans ce cas une représentation graphique du son.

■ Ce curseur (🔵) indique l'avancement de la lecture.

2 Pour afficher la vidéo en plein écran, cliquez 🔲.

LIRE UN SON OU UNE VIDÉO

Puis-je afficher le Lecteur Windows Media
en taille plus réduite ?

Oui. Vous pouvez modifier la taille et l'apparence
du Lecteur Windows Media en commutant entre
le mode complet et le mode apparence.

Mode complet

Le mode complet permet
d'accéder à toutes les
fonctions offertes par le
Lecteur Windows Media.
Vous pouvez cliquer
pour passer en mode
apparence à tout moment.

■■■ LIRE UN SON OU UNE VIDÉO (SUITE) ■■■■■

■ La vidéo est diffusée
cette fois en plein écran.

■ Pour revenir en mode
fenêtre, appuyez sur la
touche Échap.

Mode apparence

Le mode apparence occupe beaucoup moins de place à l'écran, mais offre bien moins de fonctions que le mode complet. Vous pouvez cliquer  pour passer en mode complet à tout moment. Pour modifier l'apparence du Lecteur Windows Media lorsqu'il est présenté en mode apparence, consultez la page 106.

3 Pour réduire ou augmenter le volume, déplacez ce curseur ( ) vers la gauche ou la droite.

4 Pour interrompre ou reprendre la lecture du fichier audio ou vidéo, cliquez ou (devient).

■ Vous pouvez cliquer pour reprendre la lecture du fichier audio ou vidéo.

5 Lorsque la lecture du fichier est terminée, cliquez pour fermer la fenêtre du Lecteur Windows Media.

ÉCOUTER UN CD AUDIO

■ ÉCOUTER UN CD AUDIO ■

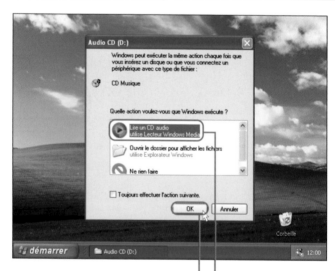

1 Insérez un CD audio dans votre lecteur de CD-ROM.

■ La fenêtre Audio CD apparaît, demandant ce que vous souhaitez faire.

2 Cliquez cette option pour écouter le CD audio.

3 Cliquez **OK**.

Vous pouvez écouter des CD audio sur votre ordinateur tout en travaillant.

Pour écouter de la musique, vous devez posséder un lecteur de CD-ROM, une carte son et des haut-

■ Le Lecteur Windows Media apparaît et la lecture commence.

■ Cette zone affiche une représentation graphique de la chanson en cours.

ÉCOUTER UN CD AUDIO

Comment le Lecteur Windows Media connaît-il le nom de chaque chanson de mon CD audio ?

Si vous êtes connecté à l'Internet durant la lecture du CD, le Lecteur Windows Media essaie d'obtenir les informations sur ce CD à partir de l'Internet. Si vous n'êtes pas connecté ou si les informations relatives à ce CD ne sont pas disponibles, le Lecteur Windows Media affiche un numéro de piste pour chaque morceau. Si le Lecteur Windows Media est en mesure d'obtenir les informations concernant le CD, Windows reconnaît le disque et affiche ces informations à chaque fois que vous insérez le CD.

■■■ ÉCOUTER UN CD AUDIO (SUITE) ■■■

■ Cette zone affiche une liste des chansons du CD et la durée de chaque morceau. Le morceau en cours de lecture est affiché en surbrillance.

■ Ce curseur (🌙) indique l'avancement de la lecture du morceau en cours.

■ Cette zone affiche le temps écoulé depuis le début de la chanson.

MODIFIER LE VOLUME SONORE

4 Pour réduire ou augmenter le volume, faites respectivement glisser ce curseur ( ) vers la gauche ou la droite.

COUPER LE SON

5 Cliquez pour couper le son (devient).

■ Vous pouvez cliquer de nouveau pour rétablir le son.

ÉCOUTER UN CD AUDIO

SUSPENDRE OU ARRÊTER LA LECTURE

6 Cliquez ⏸ pour interrompre temporairement la lecture du CD (⏸ devient ▶).

7 Cliquez ⏹ pour arrêter la lecture du CD.

■ Vous pouvez cliquer ▶ pour reprendre la lecture.

Quand vous écoutez un CD audio, vous pouvez interrompre et reprendre la lecture, passer d'une piste à l'autre ou lire les pistes en ordre aléatoire.

━━ ÉCOUTER UNE AUTRE CHANSON ━━

■ Cette zone indique la chanson en cours.

8 Cliquez une des options suivantes pour écouter une autre piste du CD.

- Passer à la chanson précédente
- Passer à la chanson suivante

■ Pour jouer un morceau spécifique dans la liste, double-cliquez le morceau voulu.

ÉCOUTER UN CD AUDIO

Comment écouter la musique tout en effectuant d'autres tâches sur l'ordinateur ?

Si vous souhaitez poursuivre vos occupations sur l'ordinateur tout en écoutant la musique, réduisez la fenêtre du Lecteur Windows Media pour la retirer momentanément de l'écran en cliquant ━ dans le coin supérieur droit de la fenêtre.

━━ ÉCOUTER LES MORCEAUX EN ORDRE ALÉATOIRE ━━

9 Cliquez pour écouter les morceaux en ordre aléatoire (devient).

■ Cliquez de nouveau pour recommencer la lecture dans le bon ordre.

Puis-je écouter un CD en privé ?

Vous pouvez écouter un CD audio en privé en branchant un casque à la prise située en façade de votre lecteur de CD-ROM.
Si ce dernier ne prévoit pas de prise adéquate, vous pouvez brancher le casque à l'arrière de votre ordinateur, là où vous enfichez habituellement vos haut-parleurs.

FERMER LE LECTEUR WINDOWS MEDIA

10 Quand vous avez fini d'écouter le CD, cliquez ✖ pour fermer la fenêtre du Lecteur Windows Media.

11 Retirez le CD de votre lecteur.

LIRE UN DVD

■ LIRE UN DVD ■

1 Insérez un DVD dans le lecteur correspondant.

2 Pour éviter la lecture automatique du DVD par Windows, appuyez sur la touche Maj et maintenez-la enfoncée.

3 Cliquez **démarrer**, en vue d'afficher le menu Démarrer.

4 Pointez **Tous les programmes**.

5 Cliquez **Lecteur Windows Media**.

Vous pouvez profiter du Lecteur
Windows Media pour lire un DVD
sur votre ordinateur.

■ La fenêtre Lecteur
Windows Media apparaît.

6 Placez le pointeur en
haut de la fenêtre Lecteur
Windows Media et cliquez
Lecture.

7 Cliquez **DVD ou CD audio**,
afin de lire le DVD.

■ Le DVD est lu dans cette
zone. Une liste d'options peut
apparaître, permettant de lire
la vidéo ou d'accéder à
des fonctionnalités
particulières.

83

LIRE UN DVD

Mon ordinateur doit-il être équipé d'un matériel ou d'un logiciel particuliers pour permettre la lecture de DVD ?

Oui. Avant de pouvoir lire un DVD, vous devez installer un lecteur de DVD et un décodeur DVD, c'est-à-dire un logiciel qui permette au PC de lire la vidéo du DVD. Il est possible que le fabricant de votre ordinateur ait déjà installé un tel décodeur. Dans le cas contraire, vous pouvez acheter un décodeur compatible avec Windows XP auprès de sociétés comme Son-Vidéo (www.son-video.com) et CyberLink (www.gocyberlink.com).

LIRE UN DVD (SUITE)

■ Cette zone répertorie les titres enregistrés sur le DVD. Chaque titre correspond à une catégorie de contenu sur le disque.

8 Pour afficher les chapitres subordonnés à un titre, cliquez le signe plus (⊕) devant ce dernier (⊕ devient ⊜).

■ Les chapitres dépendant du titre apparaissent.

9 Pour lire un titre ou un chapitre spécifique, double-cliquez-le.

Note. Le premier titre déclenche généralement la lecture de toute la vidéo.

Comment lire une vidéo d'un DVD en plein écran ?

Cliquez  dans la zone de la vidéo, dans la fenêtre Lecteur Windows Media. Ce bouton apparaît uniquement en cours de lecture. Pour afficher de nouveau la vidéo dans la fenêtre Lecteur Windows Media par la suite, appuyez sur Échap.

9 Pour interrompre momentanément la lecture de la vidéo, cliquez ⏸ (⏸ devient ▶).

11 Pour arrêter la lecture, cliquez ⏹ (▶ devient ⏸).

Note. Vous pouvez ensuite cliquer ▶ pour reprendre la lecture de la vidéo.

12 Pour ajuster le volume, faites glisser le curseur ⬦ vers une nouvelle position.

13 Après avoir lu le DVD, cliquez ✖ pour fermer la fenêtre Lecteur Windows Media.

UTILISER LE GUIDE MULTIMÉDIA

1 Cliquez **démarrer** pour afficher le menu Démarrer.

2 Pointez **Tous les programmes** pour afficher la liste des programmes installés.

3 Cliquez **Lecteur Windows Media**.

■ La fenêtre Lecteur Windows Media apparaît.

Le Guide multimédia est un peu comme un magazine électronique vous permettant d'accéder aux dernières musiques et vidéos disponibles sur l'Internet. Vous pouvez aussi l'employer pour obtenir des informations sur divers sujets : actualités, sport ou divertissement.

Pour utiliser le Guide multimédia, vous devez posséder une connexion Internet.

4 Cliquez l'onglet **Guide multimédia**.

Note. Si vous n'êtes pas connecté à l'Internet à ce moment précis, un message vous demande d'y remédier.

■ Cette zone affiche le Guide multimédia, page Web quotidiennement mise à jour pour donner accès aux dernières vidéos et musiques disponibles sur l'Internet.

Note. Le Guide multimédia peut se présenter différemment sur votre écran.

UTILISER LE GUIDE MULTIMÉDIA

Pourquoi différentes vitesses sont-elles proposées pour un fichier média dans le Guide multimédia ?

Le Guide multimédia propose différentes vitesses de connexion pour le transfert et la diffusion des fichiers audio et vidéo. La vitesse de connexion à choisir est fonction de votre type de connexion Internet. En cas de problème durant le transfert ou la lecture, essayez une vitesse plus lente.

UTILISER LE GUIDE MULTIMÉDIA (SUITE)

■ Le Guide multimédia contient des liens qui permettent d'afficher des informations complémentaires ou de lire des fichiers multimédias tels que des vidéos ou de la musique. Le pointeur ☐ placé sur un lien devient ☐.

5 Cliquez un thème de votre choix pour consulter des informations plus spécifiques.

Type de connexion	Vitesse
Modem	28K ou 56K
Ligne RNIS *(réseau numérique à intégration de service)*	100K
Modem-câble ou ADSL	300K ou 500K

■ Des informations sur le thème sélectionné apparaissent.

■ Vous pouvez répéter l'étape **5** jusqu'à trouver l'information souhaitée.

6 Quand vous avez fini d'utiliser le Guide multimédia, cliquez ✖ pour fermer la fenêtre Lecteur Windows Media.

UTILISER LA BIBLIOTHÈQUE MULTIMÉDIA

Bibliothèque multimédia

Vidéos

Sons

UTILISER LA BIBLIOTHÈQUE MULTIMÉDIA

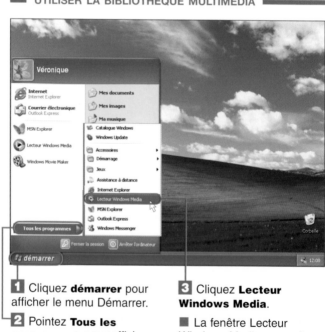

1 Cliquez **démarrer** pour afficher le menu Démarrer.

2 Pointez **Tous les programmes** pour afficher la liste des programmes installés.

3 Cliquez **Lecteur Windows Media**.

■ La fenêtre Lecteur Windows Media apparaît.

Vous pouvez utiliser la Bibliothèque
multimédia pour organiser tous les fichiers
multimédias (c'est-à-dire les fichiers audio
et vidéo) de votre ordinateur.

4 Cliquez l'onglet
Bibliothèque multimédia.

■ La première fois que vous
utilisez la Bibliothèque
multimédia, une boîte de
dialogue propose de rechercher
les fichiers multimédias de votre
ordinateur.

CHERCHER LES FICHIERS
MULTIMÉDIAS DE L'ORDINATEUR

5 Cliquez **Oui** pour
procéder à cette recherche.

*Note. Si la boîte de dialogue
n'apparaît pas et que vous souhaitiez
rechercher les fichiers multimédias
de votre ordinateur, appuyez sur la
touche* **F3**.

Où peut-on trouver des fichiers multimédias ?

Guide multimédia

Vous pouvez utiliser le Guide multimédia de Windows pour accéder aux dernières musiques et vidéos disponibles sur l'Internet. Pour plus d'informations sur le Guide multimédia, consultez la page 86.

■ UTILISER LA BIBLIOTHÈQUE MULTIMÉDIA (SUITE) ■

■ La boîte de dialogue Recherche de fichiers multimédias apparaît.

6 Cliquez **Rechercher** pour lancer la recherche.

Internet

Beaucoup de sites Web proposent des fichiers audio et vidéo, notamment :

earthstation1.com

www.themez.co.uk

Magasins d'informatique

De nombreux magasins d'informatique commercialisent des collections de fichiers audio et vidéo.

■ Windows parcourt votre ordinateur à la recherche de fichiers multimédias.

■ Cette zone montre l'état d'avancement de la recherche.

7 Une fois la recherche terminée, cliquez **Fermer** pour fermer la boîte de dialogue.

8 Cliquez **Fermer** pour fermer la boîte de dialogue Recherche de fichiers multimédias.

VISUALISER LES FICHIERS MULTIMÉDIAS

■ La Bibliothèque multimédia organise vos fichiers multimédias en différentes catégories.

■ Une catégorie précédée d'un signe plus (⊞) contient des éléments masqués.

■ Pour afficher les éléments d'une catégorie, cliquez le signe plus (⊞) à gauche de cette dernière (⊞ devient ⊟).

Note. Pour masquer à nouveau les éléments de cette catégorie, cliquez le signe moins (⊟) à gauche de cette dernière.

Vous pouvez lire les fichiers audio et vidéo
listés dans la Bibliothèque multimédia.

1 Cliquez la catégorie
contenant les fichiers
multimédias qui vous
intéressent.

■ Cette zone affiche les
fichiers multimédias de la
catégorie sélectionnée.

2 Pour lire un fichier,
double-cliquez-le.

UTILISER LA BIBLIOTHÈQUE MULTIMÉDIA

Comment la Bibliothèque multimédia
organise-t-elle mes fichiers audio et vidéo ?

La Bibliothèque multimédia classe vos fichiers
multimédias en plusieurs catégories.

■■ VISUALISER LES FICHIERS MULTIMÉDIAS (SUITE) ■■

■ Si vous avez sélectionné
un fichier vidéo, la vidéo
apparaît dans la zone
Lecture en cours.

■ Le curseur ( ) indique
l'avancement de la lecture
du son ou de la vidéo.

3 Pour réduire ou
augmenter le volume
sonore, faites
respectivement glisser
ce curseur ( ) vers la
gauche ou la droite.

AUDIO

Tout l'audio	Répertorie tous vos fichiers audio.
Album	Organise vos fichiers audio par album.
Artiste	Organise vos fichiers audio par artiste.
Genre	Organise vos fichiers audio par genre (Bande originale, par exemple).

VIDÉO

Tous les clips	Répertorie tous vos fichiers vidéo.
Auteur	Organise vos fichiers vidéo par auteur.

4 Pour arrêter la diffusion du fichier multimédia, cliquez ⊙.

■ Vous pouvez cliquer l'onglet **Bibliothèque multimédia** pour retrouver la liste de vos fichiers multimédias.

5 Quand vous avez fini d'utiliser vos fichiers multimédias, cliquez ✖ pour fermer la fenêtre Lecteur Windows Media.

ÉCOUTER LA RADIO SUR L'INTERNET

▬ ÉCOUTER LA RADIO SUR L'INTERNET ▬

1 Cliquez **démarrer** pour afficher le menu Démarrer.

2 Pointez **Tous les programmes** pour afficher la liste des programmes installés.

3 Cliquez **Lecteur Windows Media**.

■ La fenêtre Lecteur Windows Media apparaît.

Vous pouvez utiliser le Lecteur Windows Media pour écouter des radios du monde entier qui diffusent sur l'Internet.

4 Cliquez l'onglet **Tuner radio** pour écouter la radio sur l'Internet.

Note. Si vous n'êtes pas encore connecté à l'Internet, la boîte de dialogue Connexion à... apparaît.

■ Cette zone affiche la liste des stations de radio que vous pouvez écouter.

5 Cliquez le nom de la radio à écouter.

ÉCOUTER LA RADIO SUR L'INTERNET

ÉCOUTER LA RADIO SUR L'INTERNET (SUITE)

■ Des informations sur la station choisie sont affichées.

6 Cliquez **Lecture** pour écouter la station.

Note. Si la commande Lecture n'est pas disponible, consultez le haut de la page 105.

Comment Windows joue-t-il les radios diffusées sur l'Internet ?

Avant de commencer à jouer la musique d'une radio diffusée sur l'Internet, Windows transfère et stocke une partie de l'information dans une zone de la mémoire de votre ordinateur appelée mémoire tampon. Quand vous écoutez la radio, l'information est téléchargée en permanence vers cette mémoire tampon. Ainsi, les interruptions momentanées du transfert n'altèrent pas votre écoute.

■ Après un moment, vous entendez l'émission de la station de radio.

■ La fenêtre de Microsoft Internet Explorer est ouverte derrière celle du Lecteur Windows Media, affichant la page Web de la station de radio.

7 Pour réduire ou augmenter le volume sonore, faites respectivement glisser ce curseur (🔘) vers la gauche ou la droite.

8 Pour arrêter l'écoute de cette radio, cliquez 🔘.

ÉCOUTER LA RADIO SUR L'INTERNET

RECHERCHER UNE STATION DE RADIO

■ Cette zone affiche les différentes catégories de stations de radio que vous pouvez rechercher.

1 Pour chercher des stations dans une catégorie précise, cliquez la catégorie voulue.

Vous pouvez rechercher des radios
diffusant sur l'Internet.

■ La liste des stations de la
catégorie choisie apparaît.

■ Si la station voulue
n'apparaît pas dans la liste,
cliquez cette zone et saisissez
un mot ou une phrase décrivant
la station requise, puis appuyez
sur Entrée.

2 Cliquez dans cette
liste le nom de la
station que vous
souhaitez écouter.

ÉCOUTER LA RADIO SUR L'INTERNET

RECHERCHER UNE STATION DE RADIO (SUITE)

■ Des informations sur la station choisie s'affichent.

3 Cliquez **Lecture** pour écouter la station.

Note. Si l'option Lecture n'est pas disponible, consultez le haut de cette page.

Comment écouter une station si l'option Lecture n'est pas disponible ?

Si l'option Lecture n'apparaît pas lorsque vous cliquez le nom d'une station de radio, c'est que vous ne pouvez pas écouter cette station dans le Lecteur Windows Media. Pour l'écouter *via* le navigateur Web, cliquez **Se rendre sur le site Web**. Une fenêtre du navigateur Web apparaît, affichant la page Web de la station et diffusant son émission. Certaines stations de radio demandent des informations complémentaires avant de vous permettre d'accéder aux émissions dans le navigateur Web.

■ Après un moment, vous entendez la radio.

■ La fenêtre de Microsoft Internet Explorer est ouverte derrière celle du Lecteur Windows Media, affichant la page Web de la station de radio. Pour voir cette page, cliquez le bouton correspondant dans la barre des tâches.

4 Quand vous avez fini d'écouter la radio, cliquez ✖ pour fermer la fenêtre Lecteur Windows Media.

CHANGER L'APPARENCE DU LECTEUR WINDOWS MEDIA

CHANGER L'APPARENCE DU LECTEUR WINDOWS MEDIA

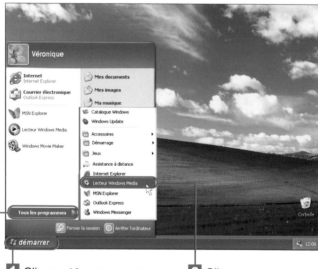

1 Cliquez **démarrer** pour afficher le menu Démarrer.

2 Pointez **Tous les programmes** pour afficher la liste des programmes installés.

3 Cliquez **Lecteur Windows Media**.

■ La fenêtre Lecteur Windows Media apparaît.

Vous pouvez changer l'apparence du
Lecteur Windows Media pour en
personnaliser l'aspect et les fonctions.

4 Pour changer l'apparence
du Lecteur Windows Media,
cliquez l'onglet **Sélecteur
d'apparence**.

■ Si l'onglet Sélecteur
d'apparence n'est pas visible,
cliquez la flèche ❤ pour le
faire apparaître.

■ La liste des apparences
disponibles pour le Lecteur
Windows Media apparaît
dans cette zone.

5 Cliquez l'apparence que
vous voulez utiliser.

CHANGER L'APPARENCE DU LECTEUR WINDOWS MEDIA

Où puis-je obtenir d'autres apparences pour le Lecteur Windows Media ?

Vous pouvez trouver sur l'Internet d'autres apparences pour le Lecteur Windows Media.

Dans l'onglet Sélecteur d'apparence du Lecteur Windows Media, cliquez **Autres apparences**. Si vous n'êtes pas connecté à l'Internet, une boîte de dialogue vous propose d'y remédier.

■■■ CHANGER L'APPARENCE DU LECTEUR (SUITE) ■■■

■ Un aperçu de l'apparence sélectionnée apparaît dans cette zone.

6 Cliquez **Appliquer l'apparence** pour appliquer l'apparence au Lecteur Windows Media.

Windows ouvre Microsoft Internet Explorer et affiche
une page Web qui propose une liste d'apparences que
vous pouvez utiliser. Une fois que vous avez trouvé et
sélectionné l'apparence qui vous convient, celle-ci est
transférée sur votre ordinateur et apparaît dans la liste
des apparences disponibles.

■ Le Lecteur Windows Media
apparaît en mode apparence
et affiche l'apparence
sélectionnée.

*Note. Le Lecteur Windows Media ne
peut prendre l'apparence sélectionnée
qu'en mode apparence. Pour en savoir
plus sur ce mode, consultez la page 73.*

■ Pour afficher de
nouveau le Lecteur
Windows Media en mode
complet, cliquez ▣.

*Note. L'endroit où se trouve ▣
dépend de l'apparence
sélectionnée.*

COPIER DES CHANSONS D'UN CD AUDIO

■■ COPIER DES CHANSONS D'UN CD AUDIO ■■■

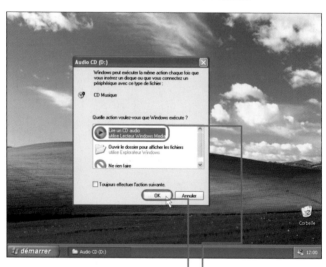

1 Insérez le CD audio contenant la chanson que vous souhaitez copier dans votre lecteur de CD-ROM.

■ La boîte de dialogue CD Audio apparaît et demande ce que vous attendez de Windows.

2 Cliquez cette option pour lire le CD.

3 Cliquez **OK**.

■ Le Lecteur Windows Media apparaît et le CD commence à être diffusé.

Vous pouvez copier des morceaux de musique d'un CD audio sur votre ordinateur.

Le fait de copier des chansons d'un CD audio sur votre ordinateur permet d'écouter ces morceaux à chaque fois que vous en avez envie, sans devoir insérer le CD. Cette copie permet également d'enregistrer la chanson sur un CD inscriptible ou un périphérique portable.

Votre lecteur de CD-ROM et vos haut-parleurs déterminent si vous pouvez écouter le CD audio tout en copiant ses morceaux.

4 Cliquez l'onglet **Copier à partir d'un CD**.

■ Cette zone affiche des informations sur chaque morceau du CD. Le Lecteur Windows Media copiera sur votre ordinateur chaque morceau portant une coche (✔).

5 Pour ajouter (☑) ou retirer (☐) la coche à côté d'une chanson, cliquez la case (☐) à gauche du titre de la chanson.

6 Cliquez **Copier la musique** pour démarrer la copie des chansons sélectionnées sur votre ordinateur.

111

COPIER DES CHANSONS D'UN CD AUDIO

Comment puis-je jouer un morceau copié depuis un CD audio ?

Windows offre deux solutions pour jouer une chanson copiée depuis un CD audio.

Utilisez le Lecteur Windows Media

Les chansons copiées depuis un CD audio sont répertoriées dans le Lecteur Windows Media. Pour écouter une chanson à partir de la Bibliothèque multimédia, consultez la page 90.

■ La première fois que vous copiez des chansons d'un CD audio, une boîte de dialogue apparaît avec un texte indiquant que le Lecteur Windows Media protège les chansons contre la copie. Les chansons protégées ne peuvent pas être écoutées sur un autre ordinateur.

7 Si vous souhaitez écouter les chansons sur un autre ordinateur, cliquez cette option (☐ devient ☑).

8 Cliquez **OK** pour continuer.

Utilisez le dossier Ma musique

Les chansons que vous avez copiées depuis un CD audio sont stockées dans le dossier Ma musique de votre ordinateur. Ce dossier contient un sous-dossier pour chaque artiste dont vous avez copié des chansons.
Vous pouvez double-cliquer une chanson dans ce dossier pour l'écouter.

■ Cette colonne indique l'avancement de la copie.

■ Pour interrompre la copie à tout moment, cliquez **Arrêter la copie**.

9 Lorsque vous avez terminé les copies des morceaux du CD audio, cliquez ✖ pour fermer la fenêtre Lecteur Windows Media.

ENREGISTRER DES SONS AVEC LE MAGNÉTOPHONE

— OUVRIR LE MAGNÉTOPHONE —

1 Cliquez **démarrer**, en vue d'afficher le menu Démarrer.

2 Pointez **Tous les programmes**, de manière à afficher une liste des programmes présents sur l'ordinateur.

3 Pointez **Accessoires**.

4 Pointez **Divertissement**.

5 Cliquez **Magnétophone**.

■ Le Magnétophone apparaît.

Vous pouvez profiter du Magnétophone pour enregistrer, lire et modifier des sons sur votre ordinateur.

Il est possible d'enregistrer du son à partir d'un micro, d'un lecteur de CD ou de cassettes, d'un magnétoscope ou de tout autre dispositif audio relié à l'ordinateur. Pour pouvoir enregistrer et lire des sons, votre ordinateur doit être équipé de matériels et de fonctionnalités audio.

■■■ ENREGISTRER DU SON ■■■

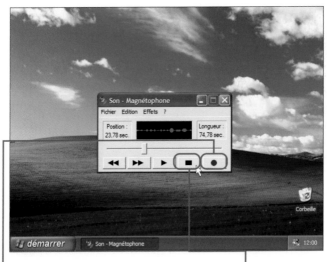

1 Pour démarrer l'enregistrement, cliquez 🔴.

2 Parlez dans votre micro ou appuyez sur le bouton de votre dispositif audio pour enregistrer du son.

3 Pour arrêter l'enregistrement, cliquez ⬛.

ENREGISTRER DES SONS AVEC LE MAGNÉTOPHONE

Comment atteindre rapidement le début ou la fin d'une bande son ?

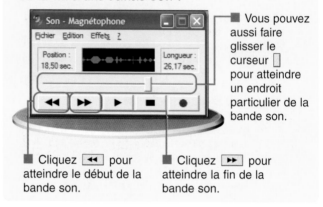

■ Vous pouvez aussi faire glisser le curseur [ ] pour atteindre un endroit particulier de la bande son.

■ Cliquez ◄◄ pour atteindre le début de la bande son.

■ Cliquez ►► pour atteindre la fin de la bande son.

■ LIRE UNE BANDE SON ■

1 Cliquez ► .

2 Cliquez ■ dès que vous voulez cesser la lecture.

■ Cette zone indique la position courante dans la bande son et la longueur totale de cette dernière.

■ Le curseur [ ] indique la position courante dans la bande son.

Quels effets sonores puis-je ajouter pendant un enregistrement audio ?

Le Magnétophone permet d'utiliser divers effets sonores pour modifier un enregistrement audio. Vous pouvez augmenter ou réduire le volume, accélérer la cadence d'enregistrement pour produire un effet nasillard ou, au contraire, la réduire pour créer un effet mystérieux et inquiétant. Le Magnétophone permet aussi d'ajouter de l'écho et de lire un enregistrement à l'envers.

AJOUTER DES EFFETS SONORES

1 Cliquez **Effets**.

2 Cliquez l'effet à ajouter.

Note. Pour plus d'informations sur les effets proposés, consultez le haut de cette page.

■ Répétez les étapes **1** et **2** pour chaque effet à ajouter.

ENREGISTRER DES SONS AVEC LE MAGNÉTOPHONE

■■■ SAUVEGARDER UNE BANDE SON ■■■

1 Cliquez **Fichier**.

2 Cliquez **Enregistrer sous**.

■ La boîte de dialogue Enregistrer sous apparaît.

Vous pouvez sauvegarder un enregistrement audio en vue d'une réutilisation ultérieure. Il est aussi possible d'ouvrir n'importe quelle bande son enregistrée pour la relire et, éventuellement, la modifier.

3 Saisissez le nom à donner à la bande son.

■ Cette zone indique où le Magnétophone stockera le son. Vous pouvez la cliquer pour changer d'endroit.

4 Cliquez **Enregistrer**.

ENREGISTRER DES SONS AVEC LE MAGNÉTOPHONE

Puis-je lire un enregistrement audio
dans le Lecteur Windows Media ?

Oui. Le Lecteur Windows Media est un programme qui
permet de lire des fichiers multimédias, comme des
bandes son. Pour lire un enregistrement audio dans
cette application, localisez la bande sur votre ordinateur.
Par défaut, les enregistrements audio sont stockés dans
le dossier Mes documents et
associés à l'icône 🔊.
Double-cliquez ensuite
le fichier. Le Lecteur
Windows Media ouvre
et lit la bande son
sélectionnée.

━━━ OUVRIR UNE BANDE SON ━━━

1 Cliquez **Fichier**.

2 Cliquez **Ouvrir**.

■ La boîte de dialogue
Ouvrir apparaît.

Comment enregistrer des sons plus perfectionnés et apporter des améliorations plus poussées ?

Le Magnétophone offre des fonctionnalités d'enregistrement et de modification audio très basiques. Pour profiter d'outils plus évolués, utilisez un programme plus perfectionné, comme Sound Forge ou CoolEdit, que vous pouvez vous procurer sur l'Internet et dans un magasin d'informatique. Ces logiciels permettent d'apporter des modifications très poussées : vous pouvez par exemple réduire le bruit de fond et créer des effets de fondu.

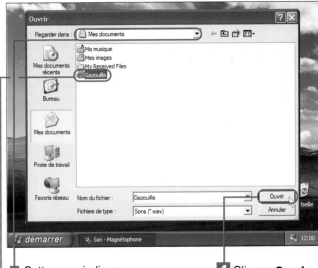

■ Cette zone indique l'emplacement des bandes son affichées. Vous pouvez la cliquer pour changer d'endroit.

3 Cliquez l'enregistrement à ouvrir.

4 Cliquez **Ouvrir**.

■ La bande son est ouverte dans le Magnétophone.

COMPRENDRE LA VIDÉO NUMÉRIQUE

QU'EST CE QUE LA VIDÉO NUMÉRIQUE ?

La *vidéo numérique* désigne l'ensemble des techniques qui permettent d'enregistrer, de traiter et de reproduire les images vidéo sous forme de données numériques. Jusqu'à une époque encore récente, la vidéo ne pouvait être enregistrée qu'en mode analogique. L'évolution des technologies micro-informatiques permet aujourd'hui d'enregistrer des images vidéo à haute définition au format numérique. La vidéo analogique, tout comme la vidéo numérique, enregistre à la fois les images et le son, mais utilise des formats différents.

Réalisez vos propres films grâce à la vidéo numérique, cette technologie qui gagne chaque jour en popularité. Les données, enregistrées sous une forme numérique, peuvent facilement être transférées sur votre ordinateur. À l'aide d'un logiciel de montage, assemblez et agencez les séquences vidéo afin d'obtenir la version finale, qui, enregistrée dans un des nombreux formats existants, pourra être lue par d'autres utilisateurs.

ENREGISTREMENT VIDÉO EN MODE ANALOGIQUE

Comme l'œil humain, les Caméscope analogiques perçoivent les variations de lumière et de couleurs comme des images et, comme l'oreille humaine, ils traduisent en « sons » les modulations de volume sonore. Ce sont ces infimes fluctuations de la lumière, des couleurs et du son que les Caméscope enregistrent sous la forme d'un signal analogique, c'est-à-dire une variation continue d'un courant électrique qui représente une information.

COMPRENDRE LA VIDÉO NUMÉRIQUE

INCONVÉNIENTS DE LA VIDÉO ANALOGIQUE

Un signal analogique varie en continu et prend une infinité de valeurs intermédiaires entre deux points (imaginez une courbe). Cette propriété le rend particulièrement sensible au moindre parasite. Pour obtenir une copie parfaite d'un signal analogique, il faudrait reproduire très exactement les variations d'amplitude de l'original. Ceci est impossible, car le moindre changement de matériel ou de support influence la restitution du signal. La copie d'une vidéo analogique n'est donc jamais une réplique exacte de l'original. Les supports qui servent à stocker les vidéos analogiques, comme les cassettes VHS par exemple, ne sont pas, en outre, à l'abri d'une détérioration due au temps.

AVANTAGES DE LA VIDÉO NUMÉRIQUE

Comme le signal numérique ne peut avoir comme valeur que 0 ou 1, il est pratiquement insensible aux parasites. Chaque transmission ou duplication de la vidéo numérique reproduit exactement la succession originale de 0 et de 1, sans déperdition. Ainsi, la vidéo peut être copiée autant de fois que vous le souhaitez, sans perte de qualité. Le format binaire permet, en outre, la compression des données. Celle-ci réduit la taille du fichier vidéo, ce qui facilite le stockage d'un plus grand nombre de séquences dans le même espace. La vidéo numérique accepte plusieurs formats de compression, tel que le format DV utilisé par la plupart des caméras numériques pour le stockage des séquences.

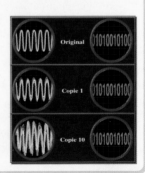

ENREGISTREMENT VIDÉO EN MODE NUMÉRIQUE

La vidéo numérique utilise un signal de type *binaire*. Ceci signifie qu'à un moment donné, le signal vidéo ne peut prendre que l'une des deux valeurs 0 et 1. Chaque image et chaque son de la vidéo sont donc traduits en une succession de 0 et de 1. Les Caméscope numériques enregistrent les images et le son au format binaire. La qualité de la vidéo ainsi obtenue explique l'enthousiasme actuel du public pour ce type d'équipement.

TRAITEMENT DE LA VIDÉO PAR ORDINATEUR

La possibilité de lire et de manipuler la vidéo numérique sur ordinateur explique, entre autres raisons, l'engouement pour cette technologie. Une vidéo numérique étant constituée de données binaires, directement compréhensibles pour l'ordinateur, le transfert des séquences vidéo vers l'ordinateur se fait d'autant plus facilement. Pour pouvoir manipuler une vidéo analogique sur ordinateur, vous devez tout d'abord la numériser à l'aide d'une carte d'acquisition vidéo, c'est-à-dire convertir le signal analogique en données numériques. Pour plus d'informations sur les cartes d'acquisition vidéo, consultez la page 132. Pour plus d'informations sur le transfert des séquences vidéo vers votre ordinateur, consultez la page 148.

LES FORMATS DE FICHIERS VIDÉO

Format	Application
DV (*Digital Video*, vidéo numérique)	Fait référence de manière générale à la vidéo numérique, par opposition à la vidéo analogique. Ce terme désigne aussi le format utilisé par la plupart des Caméscope numériques pour enregistrer le flux des données vidéo.
MPEG (*Motion Pictures Expert Group*, groupe d'experts pour l'imagerie animée)	Certains Caméscope numériques très compacts enregistrent la vidéo dans ce format de fichier, qui sert aussi au transfert et au traitement de la vidéo sur ordinateur. Les CD vidéo et les DVD contiennent des vidéos au format MPEG.
AVI (*Audio Video Interleave*, entrelacement audiovisuel)	Format de fichier de Microsoft équivalant aux formats MPEG et QuickTime. Il sert au transfert et à la manipulation de la vidéo sur ordinateur, et offre plusieurs options de compression et de lecture adaptées à divers types de projets.

Avant de vous lancer dans la vidéo numérique, vous devez vous familiariser avec les types de fichiers vidéo et leurs domaines d'application. Les formats de fichiers dépendent souvent de la source de la vidéo. Les Caméscope numériques enregistrent la vidéo soit au format DV, soit au format MPEG. L'utilisation de votre ordinateur vous amènera à rencontrer d'autres formats de fichiers vidéo.

Certains formats s'adaptent tout particulièrement à la transmission en continu et en temps réel *(streaming)* de la vidéo depuis l'Internet. Ainsi, votre ordinateur peut lire le fichier au fur et à mesure du téléchargement.

Format	Application
MOV (QuickTime)	Ce format, développé par Apple, permet le transfert, la manipulation et la lecture de fichiers multimédias sur les ordinateurs PC et Mac. Certaines séquences vidéo lisibles en temps réel sur le Web sont au format MOV.
RM *(RealMedia)*	Un format de moindre qualité car fortement compressé qui sert à la lecture de séquences vidéo stockées dans votre ordinateur et sur le Web. Développé par RealNetworks, c'est le format le plus répandu de fichiers multimédias lisibles en temps réel sur le Web.
WMV *(Windows Media Format,* format multimédia Windows)	Un format de moindre qualité car fortement compressé qui permet la lecture de séquences vidéo stockées dans votre ordinateur et sur le Web. Il permet aussi la lecture en temps réel de contenu vidéo sur le Web.

APERÇU DU SYSTÈME NÉCESSAIRE

PROCESSEUR

La plupart des logiciels de montage vidéo, comme Premiere d'Adobe ou iMovie d'Apple, nécessitent un processeur très rapide pour fonctionner correctement. Le processeur agit comme le cerveau de votre ordinateur puisqu'il traite les instructions, les calculs et les événements. Dans le cas du montage vidéo numérique, plus le processeur est rapide, plus vous pouvez traiter rapidement les trames vidéo et les effets. La vitesse du processeur, mesurée en mégahertz (MHz) ou gigahertz (GHz), déterminent la rapidité de votre ordinateur. Les utilisateurs de PC doivent posséder un processeur ayant au minimum une vitesse de 300 MHz et les utilisateurs de Mac, disposer d'un processeur PowerPC.

Pour modifier une séquence vidéo, commencez par la transférer sur votre ordinateur. Pour cela, votre système doit respecter certains critères. Travailler avec de la vidéo numérique nécessite un ordinateur puissant équipé du matériel approprié. Même si votre machine fonctionne parfaitement avec un traitement de texte, elle risque d'être insuffisante pour gérer le travail avec les fichiers vidéo numériques.

MÉMOIRE VIVE

La plupart des programmes de montage vidéo utilisent une grande quantité de RAM (mémoire vive) afin d'offrir des performances correctes et une bonne stabilité. La RAM (*Random Access Memory*, mémoire à accès direct) correspond au stockage temporaire sur votre machine. L'ordinateur l'utilise en effet pour stocker temporairement les programmes et les fichiers ouverts, par exemple des séquences vidéo. La RAM se mesure en mégaoctets (Mo). Plus vous en disposez, meilleures sont les performances. Votre système nécessite un minimum de 128 Mo de RAM pour gérer la vidéo numérique. Si votre ordinateur ne possède pas suffisamment d'espace mémoire, augmentez-en la taille en ajoutant des barrettes de mémoire supplémentaires.

Ajouter de la mémoire

APERÇU DU SYSTÈME NÉCESSAIRE

DISQUE DUR

Lorsque vous utilisez un ordinateur pour le montage vidéo, il est indispensable de posséder beaucoup d'espace sur le disque dur. Celui-ci sert à stocker le système d'exploitation, les programmes et les fichiers de données. On mesure sa capacité de stockage en mégaoctets (Mo) ou en gigaoctets (Go). Une séquence vidéo de 10 minutes occupe environ 2 Go d'espace disque. Cela signifie qu'une heure de vidéo provenant d'une cassette MiniDV nécessite environ 12 Go d'espace sur le disque dur. Si vous prévoyez de nombreux montages vidéo, achetez un disque dur de grande capacité.

CARTES VIDÉO ET SON

Pour un meilleur résultat, votre système doit posséder une carte vidéo (aussi appelée *adaptateur graphique*) de qualité, ainsi qu'un moniteur permettant l'affichage en haute résolution afin de posséder l'espace adéquat pour les outils de montage vidéo. Une carte vidéo transforme les données vidéo en une image qui s'affiche sur le moniteur. Les cartes vidéo possèdent également leur propre mémoire pour stocker les images. Plus il y a de mémoire, meilleure est la qualité. Il existe différents modèles de cartes équipées de 16 Mo, 32 Mo, 64 Mo ou 128 Mo de mémoire. Pour écouter correctement le son des vidéos, vous devez également posséder une bonne carte son ainsi que des haut-parleurs de qualité.

LECTEURS DE CD-ROM ET DE DVD

Vous avez besoin d'un lecteur de CD-ROM pour installer la plupart des programmes de montage vidéo. De plus, pour une meilleure productivité, vous avez besoin d'un graveur de CD. Ce type de lecteur permet de stocker des séquences vidéo sur des CD-ROM. Si votre ordinateur est équipé d'un graveur de DVD, stockez vos vidéos sur des DVD. Un CD-ROM offre une capacité de stockage de 650 Mo alors que la capacité d'un DVD est de 4,7 Go. Vous trouverez des lecteurs qui permettent de lire et de graver des CD-ROM et des DVD. Consultez le chapitre 15 pour plus d'informations sur le stockage des vidéos sur un CD-ROM ou un DVD.

PORT D'ACQUISITION VIDÉO

Pour connecter votre Caméscope numérique à votre ordinateur afin de transférer des séquences vidéo, votre ordinateur doit être équipé d'un port FireWire (également appelé iLink ou IEEE 1394). Votre Caméscope doit également disposer d'un tel port. Consultez la section « Installer une carte d'acquisition FireWire » pour plus d'informations sur ce type de port. Pour plus d'informations sur le transfert de séquences vidéo, consultez la page 148. Si vous prévoyez de capturer des séquences vidéo analogiques, vous devez installer une carte d'acquisition analogique sur votre ordinateur. Une telle carte numérise la vidéo analogique afin d'en effectuer le montage sur l'ordinateur. Ce type de carte permet de connecter un Caméscope analogique à votre ordinateur et d'y transférer vos séquences vidéo. Vous trouverez de tels produits pour moins de 200 euros.

INSTALLER UNE CARTE D'ACQUISITION FIREWIRE

AJOUTER UN PORT FIREWIRE

Rares sont les ordinateurs multimédias initialement équipés d'un port FireWire. Si votre système n'en dispose pas, procurez-vous une carte FireWire dans n'importe quel magasin d'informatique. Ces produits sont relativement peu onéreux, l'entrée de gamme se situant aux environs de 30 euros. Certains éditeurs de programmes de montage vidéo intègrent de telles cartes avec leurs logiciels, ce qui permet d'obtenir, du même coup, matériel et logiciel de montage. Certaines cartes permettent de capturer des séquences analogiques ainsi que des séquences numériques en utilisant des connecteurs séparés. Vous devez acheter une carte compatible OHCI *(Open Host Controller Interface)* et vous assurer que votre ordinateur respecte certains critères. Par exemple, la plupart des cartes nécessitent un processeur avec une fréquence minimale de 233 MHz.

Pour monter de la vidéo numérique, votre ordinateur doit être équipé d'un port FireWire, également appelé IEEE 1394 ou iLink pour les produits Sony. Quel que soit son nom, ce port fournit une connexion à haut débit, jusqu'à 400 mégabits par seconde (Mbps), ce qui est idéal pour le transfert de vidéo entre un Caméscope et un ordinateur.

COMPATIBILITÉ DU LOGICIEL

Assurez-vous de bénéficier d'une carte FireWire compatible avec le programme de montage vidéo utilisé. Par exemple, assurez-vous que le fabriquant de la carte certifie le fonctionnement de celle-ci avec Premiere. Windows Movie Maker, quant à lui, prend en charge toutes les cartes IEEE 1394 compatibles OHCI, les cartes Intel et les périphériques d'acquisition USB (*Universal Serial Bus*, bus série universel) Philips. Pour les utilisateurs de Mac, iMovie prend en charge tous les ports FireWire. Visitez également le site Web de l'éditeur de votre logiciel pour connaître le matériel pris en charge.

INSTALLER UNE CARTE D'ACQUISITION FIREWIRE

INSTALLER UNE CARTE FIREWIRE

Commencez par ouvrir votre ordinateur et installez la carte dans l'un des connecteurs PCI (*Peripheral Component Interconnect*, interconnexion de composants périphériques) de la carte mère. Généralement, les connecteurs PCI sont de couleur blanche ou ivoire. Les connecteurs FireWire de la carte se placent à l'arrière de l'ordinateur, ce qui permet de brancher un câble FireWire pour connecter un Caméscope à l'ordinateur. Assurez-vous de suivre les instructions d'installation fournies avec la carte. Si vous n'avez jamais installé de composant dans votre machine, faites-vous aider.

CODEC DV

Toutes les cartes d'acquisition intègrent des codecs (*COmpression/DECompression*) pour effectuer la compression et la décompression de la vidéo pendant le transfert. La compression de la vidéo permet d'obtenir un transfert fluide entre le Caméscope et l'ordinateur. De plus, certains programmes de montage nécessitent de connecter le Caméscope à l'ordinateur pour modifier la vidéo. Avec une carte d'acquisition DV, il n'est pas nécessaire de connecter le Caméscope à l'ordinateur lorsque vous modifiez la séquence.

CÂBLE FIREWIRE

Connectez votre Caméscope à l'ordinateur en utilisant un câble FireWire. Branchez un côté du câble à l'ordinateur et l'autre côté à votre Caméscope. Avant d'acheter un câble FireWire, vérifiez la taille du connecteur de votre Caméscope. En effet, il en existe de différentes tailles et vous devez vous assurer de prendre celui correspondant à votre Caméscope.

PLUG AND PLAY

Tous les périphériques connectés à un port FireWire sont *Plug and Play* (branchez et utilisez). Cela signifie que votre ordinateur reconnaît immédiatement le Caméscope et que ce dernier est automatiquement configuré afin de pouvoir être utilisé. Il est également possible de connecter et déconnecter votre Caméscope à l'ordinateur lorsque ce dernier est sous tension.

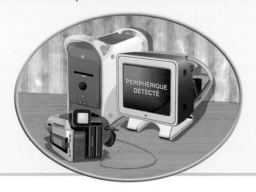

CONNECTER UNE SOURCE VIDÉO

1. Connexion FireWire

Vous effectuez le transfert de votre source vidéo vers
l'ordinateur à l'aide d'un câble FireWire ou IEEE 1394-1995.
Connectez celui-ci à l'arrière de votre Caméscope ou de
votre magnétoscope, puis au port FireWire de l'ordinateur.
Pour plus d'informations sur les Caméscopes, consultez le
chapitre 2. Pour plus d'informations sur l'équipement
d'enregistrement, consultez le chapitre 7.

2. Sélection du mode de fonctionnement du Caméscope.

Pour copier des séquences vidéo du Caméscope vers
l'ordinateur, placez le Caméscope en mode VCR, VTR ou
un mode équivalent permettant la lecture de la bande vidéo.

Pour commencer le transfert de votre séquence vidéo, vous devez connecter la source vidéo à votre ordinateur. La séquence vidéo peut provenir d'un Caméscope numérique, d'un magnétoscope numérique, voire d'une source vidéo analogique. Le type de source détermine la méthode utilisée pour la connexion à l'ordinateur.

Le branchement d'un Caméscope numérique s'effectue en trois étapes. Pour les Caméscopes analogiques, il existe différentes méthodes d'acquisition et de montage. Sélectionnez celle qui sera la plus adaptée à votre ordinateur et à votre Caméscope.

3. Contrôle des séquences

Contrôle à partir du logiciel

Si le Caméscope le permet, télécommandez-le à partir du logiciel. Pour cela, le programme de montage dispose de boutons lecture, arrêt, avance et retour rapides.

Contrôle manuel

Pour contrôler manuellement votre Caméscope, utilisez les boutons lecture, arrêt, avance et retour rapides de ce dernier.

CONNECTER UNE SOURCE VIDÉO

CONNEXION À LA CARTE D'ACQUISITION

Certaines cartes d'acquisition vidéo (des cartes conçues spécialement pour capturer la vidéo à partir de sources externes de vidéo analogique) sont équipées de connecteurs analogiques et FireWire. Pour effectuer une connexion en analogique, branchez la source directement à l'ordinateur en utilisant le câble vidéo approprié (le même que celui que vous utilisez pour relier le Caméscope au téléviseur).

ENREGISTRER AU FORMAT NUMÉRIQUE

Si vous êtes dans l'impossibilité de connecter directement la source vidéo analogique à l'ordinateur, utilisez votre Caméscope numérique pour enregistrer la vidéo analogique en reliant ces deux appareils. Lorsque la vidéo est numérisée, vous utilisez la connexion FireWire pour le transfert sur l'ordinateur.

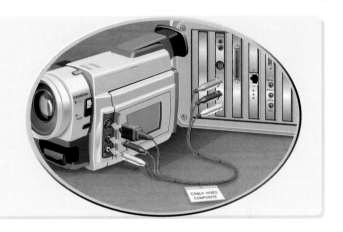

CÂBLE VIDÉO
COMPOSITE

CONNEXION À TRAVERS UN CAMÉSCOPE NUMÉRIQUE

Certains Caméscope numériques, par exemple le DCR
VX2000 de Sony, permettent d'envoyer une source
analogique à un ordinateur. Avec ce matériel, connectez le
Caméscope analogique à l'arrière du Caméscope numérique,
puis reliez ce dernier au port FireWire de l'ordinateur.
Lorsque vous lisez la vidéo sur la source analogique, le signal
vidéo passe à travers le Caméscope numérique pour aller
dans l'ordinateur. Il est nécessaire de sélectionner l'option
A/V ⇨ DV Out (ou similaire) sur le Caméscope numérique.
Consultez la documentation de votre Caméscope pour plus
d'informations sur cette fonctionnalité.

INTRODUCTION À MOVIE MAKER

SOURCE VIDÉO

Vous pouvez transférer des films d'une caméra vidéo sur votre ordinateur. Vous pouvez également le faire à partir d'une webcam, d'un poste de télévision, d'un magnétoscope ou d'un lecteur DVD.

CONNECTEUR

Pour connecter une caméra vidéo ou une autre source vidéo sur votre ordinateur, vous devez disposer d'un type de connecteur spécifique. Si votre ordinateur n'est pas équipé du type de connecteur approprié, faites-en l'acquisition auprès d'un magasin d'informatique.

Source vidéo	Type de connecteur généralement requis
Caméra vidéo analogique	Carte de capture vidéo
Caméra vidéo numérique	Port ou carte FireWire
DVD	Carte TV tuner
Chaîne de télévision	Carte TV tuner
Magnétoscope	Carte TV tuner
Webcam	Port ou carte USB

Vous pouvez utiliser Windows Movie Maker pour transférer vos films vidéo sur votre ordinateur. Vous pourrez alors les modifier et les organiser pour les partager avec vos amis et votre famille.

Avant d'utiliser Movie Maker, il faut installer et configurer l'équipement nécessaire au transfert de vos films sur votre ordinateur.

CÂBLES

Pour connecter une caméra ou une autre source vidéo à votre ordinateur, il faut un ou plusieurs câbles. Les cartes de capture vidéo sont généralement fournies avec les câbles nécessaires. Si vous n'avez pas les câbles dont vous avez besoin, vous pouvez les acheter dans la plupart des magasins d'informatique.

EXIGENCES MINIMALES REQUISES

Pour que Movie Maker fonctionne correctement, votre ordinateur doit disposer au moins des capacités suivantes :

➤ Pentium II 300 MHz ou équivalent

➤ 64 Mo de mémoire

➤ 2 Go d'espace disque disponible

➤ Capacités audio

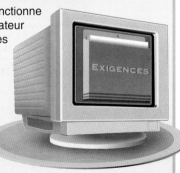

LANCER MOVIE MAKER

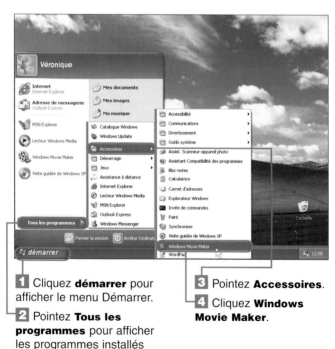

1 Cliquez **démarrer** pour afficher le menu Démarrer.

2 Pointez **Tous les programmes** pour afficher les programmes installés sur votre ordinateur.

3 Pointez **Accessoires**.

4 Cliquez **Windows Movie Maker**.

Pour créer et modifier des films
sur votre ordinateur, lancez
Windows Movie Maker.

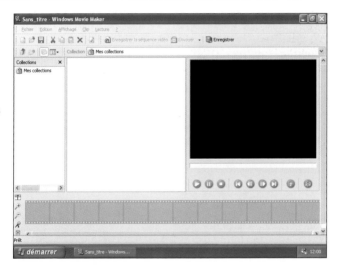

■ La fenêtre Windows
Movie Maker apparaît.

■ Vous pouvez à présent
enregistrer sur votre ordinateur
une vidéo de votre caméra ou
d'une autre source vidéo. Pour
enregistrer une vidéo sur
l'ordinateur, consultez la
page 148.

PRÉSENTATION DE WINDOWS MOVIE MAKER

Si vous utilisez un PC, vous pouvez créer de simples vidéos de présentation en combinant des séquences vidéo et de la musique à l'aide de Windows Movie Maker. Ce dernier est fourni en standard avec Windows XP.

Zone de collections

Liste de toutes les collections de vidéos. Une collection est un projet dans Movie Maker, qui contient l'arrangement des séquences.

Barre d'outils

Contient toutes les options disponibles dans Windows Movie Maker.

Liste des séquences

Affiche toutes les séquences vidéo et audio de la collection.

Fenêtre de moniteur

Affiche une séquence individuelle ou la totalité du projet.

Bouton d'enregistrement de la narration

Cliquez ce bouton pour enregistrer une narration dans votre vidéo.

Espace de travail

Affiche le projet vidéo sous la forme d'une table de montage séquentiel ou chronologique.

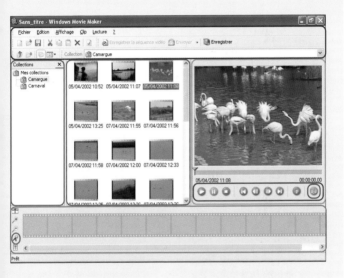

Boutons du moniteur

Cliquez l'un des boutons pour lire, arrêter, effectuer une avance ou un retour rapides ou passer en pause.

Bouton de fractionnement de la séquence

Fractionne la séquence vidéo à l'emplacement courant.

Bouton Zoom avant

Augmente la taille
de l'échelle
chronologique
à l'écran.

Repère de lecture

Indique la position
actuelle dans la
vidéo.

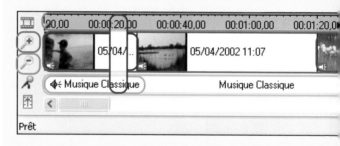

Bouton Zoom arrière

Diminue la taille de
l'échelle chronologique
à l'écran.

Séquence-titre

Place un texte
sur la vidéo.

Pistes audio

Contient les séquences
audio de la vidéo.

Piste vidéo

Contient toutes les séquences et les transitions de la vidéo finale.

Transition

Indique l'emplacement d'une transition vidéo.

Séquence vidéo

Représente la séquence vidéo. Sa dimension indique la durée dans la chronologie. Les images de début et de fin sont affichées.

:40,00	00:02:00,00	00:02:20,00	00:02:40,00	00:03:00,00
/04/2002 11:08		07/04/200...		07/0

usique Classique	Musique Classique	Musi

>

Séquence audio

Représente la séquence audio. Sa dimension indique la durée dans la chronologie.

Règle temporelle

Affiche une règle qui permet de déterminer les points de départ et de fin de chacune des séquences ainsi que leur longueur totale. Utilisez la règle pour placer vos séquences.

ENREGISTRER UNE VIDÉO

■■■ ENREGISTRER UNE VIDÉO ■■■

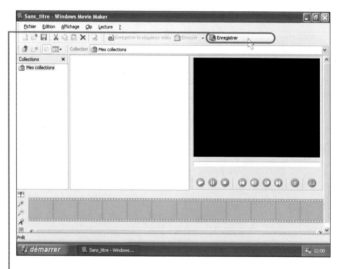

1 Cliquez **Enregistrer** pour enregistrer une vidéo sur votre ordinateur.

Note. Lorsque vous enregistrez à partir d'un périphérique très rapide tel qu'une caméra vidéo numérique, une boîte de dialogue apparaît si votre ordinateur est incapable d'offrir des performances acceptables. Répondez par l'affirmative pour enregistrer la vidéo à l'aide de ce périphérique.

Vous pouvez enregistrer une séquence vidéo sur votre ordinateur à partir d'une caméra vidéo ou d'une autre source vidéo.

Avant de commencer à enregistrer, vérifiez que votre caméra vidéo ou autre source vidéo est correctement connectée à votre ordinateur et allumée.

Assurez-vous également que votre média vidéo se trouve bien au point où vous voulez commencer l'enregistrement.

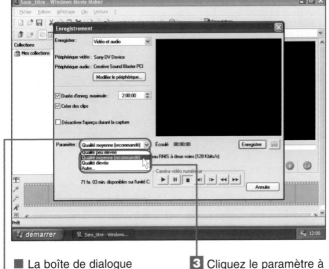

■ La boîte de dialogue Enregistrement apparaît.

2 Cliquez cette zone pour afficher une liste des paramètres de qualité disponibles pour l'enregistrement.

3 Cliquez le paramètre à utiliser.

Note. Pour plus d'informations sur la sélection d'un paramètre de qualité, reportez-vous au haut de la page 151.

ENREGISTRER UNE VIDÉO

Pourquoi suis-je incapable
d'enregistrer une vidéo à
partir de ma caméra ?

Lorsque vous enregistrez à partir
d'une caméra vidéo, assurez-
vous que la caméra est bien
en mode Lecture et non pas
en mode Pause.
Il est en effet
impossible
d'enregistrer
en mode Pause.

■ ENREGISTRER UNE VIDÉO (SUITE) ■

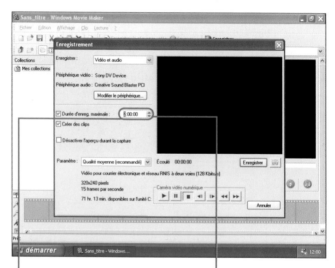

■ Cette zone indique le laps de
temps après lequel Movie Maker
interrompra l'enregistrement.

*Note. La durée d'enregistrement par défaut
est fixée sur deux heures. Elle peut
cependant être moins longue en fonction de
l'espace vacant sur votre disque dur et du
paramètre de qualité sélectionné à l'étape 3.*

4 Pour changer la
durée, cliquez la
partie à modifier et
saisissez un nouveau
nombre.

Quel paramètre de qualité choisir pour enregistrer mes vidéos ?

Le choix du paramètre de qualité influe sur la qualité de la vidéo qui en résulte : plus le paramètre est élevé, meilleur est le résultat obtenu. Mais il génère également un fichier de taille plus importante qui occupe un espace conséquent sur le disque et dont le temps de transfert sur Internet est long. De plus, certains ordinateurs sont dans l'incapacité de diffuser correctement une vidéo à la qualité élevée.

5 Cliquez ▶ pour lancer la diffusion de la vidéo.

Note. Pour démarrer la diffusion, vous pouvez également appuyer sur le bouton lecture de votre caméra ou de la source vidéo.

■ Cette zone affiche la vidéo.

6 Cliquez **Enregistrer** pour commencer à enregistrer la vidéo sur votre ordinateur.

ENREGISTRER UNE VIDÉO

ENREGISTRER UNE VIDÉO (SUITE)

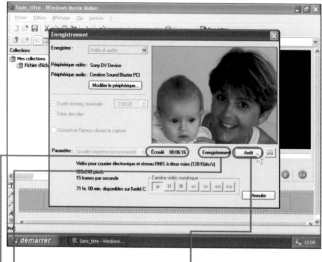

■ Le mot Enregistrement clignote dans cette zone durant l'enregistrement.

■ Le temps écoulé depuis le début de l'enregistrement s'affiche dans cette zone.

7 Pour arrêter l'enregistrement de la vidéo, cliquez **Arrêt**.

Note. Vous devrez peut-être appuyer sur le bouton d'arrêt de votre caméra vidéo ou de la source vidéo utilisée pour stopper la vidéo.

Chaque vidéo que vous enregistrez dans votre ordinateur est automatiquement placée par Windows dans le dossier Mes vidéos.

Le dossier Mes vidéos est créé par Windows lors du premier lancement de Movie Maker sur votre ordinateur. Ce dossier se trouve dans le dossier Mes documents sur votre bureau.

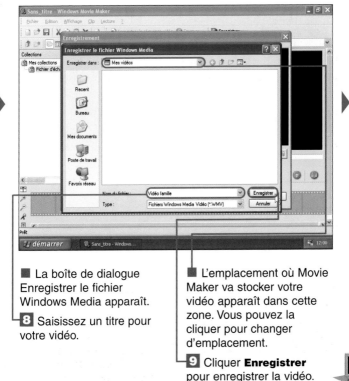

■ La boîte de dialogue Enregistrer le fichier Windows Media apparaît.

8 Saisissez un titre pour votre vidéo.

■ L'emplacement où Movie Maker va stocker votre vidéo apparaît dans cette zone. Vous pouvez la cliquer pour changer d'emplacement.

9 Cliquer **Enregistrer** pour enregistrer la vidéo.

ENREGISTRER UNE VIDÉO

Comment Movie Maker procède-t-il pour organiser les vidéos que j'enregistre ?

Les collections

Chaque fois que vous enregistrez une vidéo, Movie Maker crée une collection pour y placer tous les clips de la vidéo qu'elle contient. Chaque collection apparaît sous forme de dossier (📁) dans la fenêtre Windows Movie Maker.

■■■ ENREGISTRER UNE VIDÉO (SUITE) ■■■

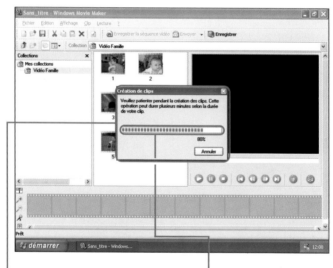

■ La boîte de dialogue Création de clips apparaît pendant que Movie Maker crée les clips de votre vidéo. Pour en savoir plus sur les clips, consultez le haut de la page 155.

■ L'état d'avancement de la création des clips s'affiche dans cette zone.

Les clips

Movie Maker divise automatiquement chaque vidéo enregistrée en segments plus petits et plus maniables, appelés clips. Un clip est créé chaque fois que Movie Maker détecte une nouvelle séquence dans la vidéo, par exemple quand vous avez arrêté puis remis en marche la caméra, ou quand vous avez recommencé à filmer après avoir fait une pause.

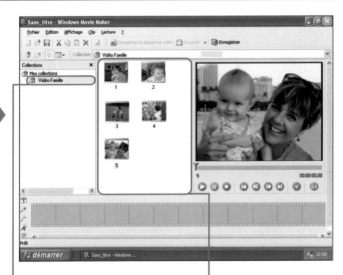

■ Lorsque Movie Maker a terminé la création des clips, cette zone fait apparaître un dossier dans lequel est enregistrée la collection des clips de la vidéo. Le nom de cette collection est celui que vous avez spécifié à l'étape **8**.

■ Les clips de la collection apparaissent dans cette zone. Pour faciliter l'identification des clips, Movie Maker affiche la première image de chaque clip.

IMPORTER UNE VIDÉO

■■■ IMPORTER UNE VIDÉO ■■■

1 Cliquez **Fichier**.

2 Cliquez **Importer**.

■ La boîte de dialogue Sélectionner le fichier à importer apparaît.

Vous pouvez importer une vidéo dans
Windows Movie Maker, en vue de la modifier
et de créer des vidéos personnelles.

■ Cette zone indique
l'emplacement des fichiers
affichés. Vous pouvez la
cliquer pour changer d'endroit.

3 Cliquez la vidéo à
importer.

4 Cliquez **Ouvrir**, afin
d'importer la vidéo.

■ Windows Movie Maker
importe la vidéo et la
scinde en clips, petits
segments plus gérables.

IMPORTER UNE VIDÉO

Quels types de vidéos puis-je importer
dans Windows Movie Maker ?

Windows Movie Maker peut importer de nombreux
types de vidéos, notamment des fichiers vidéo
traditionnels (.asf, .avi, .mpeg, .mpg, .m1v, .mp2,
.mpa, .mpe, .wmv) et des fichiers multimédias
Windows (.asf, .wm, .wma, .wmv). Le format
de la vidéo est identifié par
l'extension qui suit le point
à la fin du nom du fichier,
comme dans trompettes.avi.

▬▬ IMPORTER UNE VIDÉO (SUITE) ▬▬

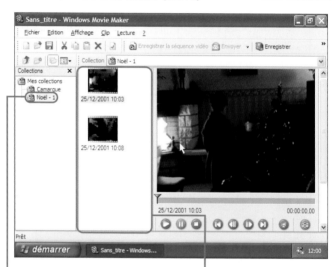

■ Une fois les clips de la
vidéo créés par Windows
Movie Maker, cette zone
affiche un dossier qui
renferme l'ensemble de ces
clips et qui porte le nom de
la vidéo importée.

■ Cette zone répertorie
les clips qui constituent
la vidéo. Pour vous aider
à les identifier, Windows
Movie Maker affiche la
première image de
chacun.

Après avoir importé une vidéo dans Windows Movie Maker, puis-je supprimer le fichier original sur l'ordinateur ?

Après avoir importé une vidéo dans Windows Movie Maker, évitez de supprimer, de déplacer et de renommer le fichier original. En effet, le logiciel ne stocke pas de copie du fichier : il fait simplement référence à la vidéo originale sur l'ordinateur. Si vous supprimez, déplacez ou renommez celle-ci, la vidéo importée risque donc de devenir inutilisable dans Windows Movie Maker.

■ LIRE UN CLIP VIDÉO ■

1 Cliquez la collection qui renferme le clip vidéo à lire.

2 Cliquez le clip à visionner.

3 Cliquez 🔘.

■ La vidéo est lue dans cette zone.

AJOUTER UN CLIP À L'ESPACE DE TRAVAIL

AJOUTER UN CLIP À L'ESPACE DE TRAVAIL

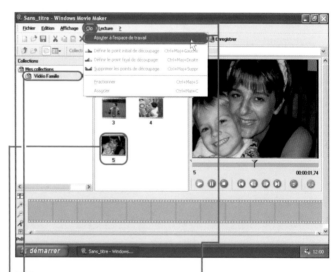

1 Cliquez la collection contenant le clip vidéo à ajouter à l'espace de travail.

2 Cliquez le clip vidéo à ajouter.

3 Cliquez **Clip**.

4 Cliquez **Ajouter à l'espace de travail**.

Vous devez ajouter à l'espace de travail tous les clips vidéo que vous voulez inclure dans votre film.

L'espace de travail affiche les clips dans l'ordre dans lequel ils apparaîtront dans votre film.

■ Le clip vidéo apparaît dans l'espace de travail.

■ Pour chaque clip à ajouter à l'espace de travail, répétez les étapes 1 à 4.

SUPPRIMER UN CLIP VIDÉO

1 Dans l'espace de travail, cliquez le clip vidéo à supprimer de votre film. Appuyez ensuite sur la touche Suppr.

Note. La suppression d'un clip vidéo dans l'espace de travail ne le fait pas disparaître de Movie Maker.

VISIONNER UN CLIP VIDÉO

VISIONNER UN CLIP VIDÉO

1 Cliquez la collection qui contient le clip vidéo à visionner.

2 Cliquez le clip vidéo à visionner.

3 Cliquez ▷ pour visionner le clip vidéo.

Vous pouvez visionner tous les clips vidéo
enregistrés sur votre ordinateur.

Visionner les clips vidéo aide
à choisir ceux que vous
voulez inclure dans votre film.

■ Le clip vidéo se
déroule dans cette zone.

■ Cette flèche (▽)
indique la progression
du clip vidéo.

4 Vous pouvez à tout
moment cliquer l'un de ces
boutons pour suspendre
⏸ ou arrêter ⏹ le clip
vidéo.

*Note. Pour visionner de nouveau
le clip, répétez les étapes 2 et 3.*

RENOMMER UN CLIP VIDÉO

RENOMMER UN CLIP VIDÉO

1 Cliquez la collection contenant le clip vidéo à renommer.

2 Cliquez le clip vidéo à renommer.

3 Cliquez le nom du clip vidéo ou appuyez sur la touche F2.

Pour mieux décrire le contenu d'un clip vidéo, renommez-le.

■ Un cadre apparaît autour du nom du clip vidéo.

4 Saisissez le nouveau nom à attribuer au clip, puis appuyez sur la touche **Entrée**.

Note. Si vous changez d'avis au cours de la saisie du nouveau nom, appuyez sur **Échap** *pour restituer l'ancien nom.*

SUPPRIMER UN CLIP VIDÉO

SUPPRIMER UN CLIP VIDÉO

1 Cliquez la collection qui renferme le clip vidéo à supprimer.

2 Cliquez le clip à effacer.

3 Cliquez [X] ou appuyez sur [Suppr].

Vous pouvez supprimer tout clip vidéo devenu inutile dans un film, afin d'alléger la liste des clips.

Si vous supprimez dans une collection un clip que vous aviez ajouté à l'espace de travail, il demeure dans cet espace.

Les collections se suppriment de la même manière que les clips vidéo. Chacune stocke un ensemble de clips dans Windows Movie Maker. En supprimer une efface à la fois cette collection et tous les clips qu'elle renferme.

■ Une boîte de dialogue apparaît, demandant de confirmer la suppression.

4 Cliquez **Oui**, afin de supprimer définitivement le clip vidéo.

■ Le clip vidéo disparaît de la fenêtre Windows Movie Maker.

RÉORGANISER LES CLIPS DANS L'ESPACE DE TRAVAIL

■■■ RÉORGANISER LES CLIPS DANS L'ESPACE DE TRAVAIL ■■■

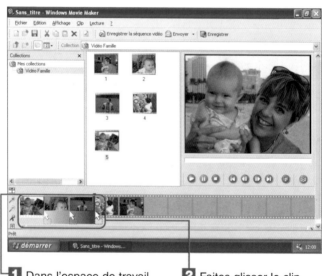

1 Dans l'espace de travail, placez le pointeur ⍗ sur le clip vidéo à déplacer.

2 Faites glisser le clip vidéo jusqu'au nouvel emplacement. Une barre verticale indique l'endroit où il sera déposé.

Vous pouvez modifier l'ordre des clips vidéo dans l'espace de travail afin de changer l'ordre dans lequel ils apparaîtront dans votre film.

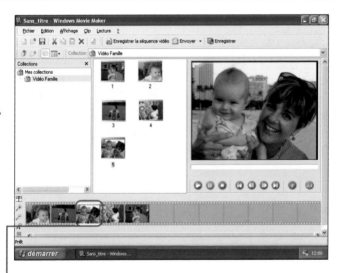

■ Le clip vidéo apparaît au nouvel emplacement.

■ Les clips voisins sont automatiquement décalés pour lui laisser la place nécessaire.

RECOUPER UN CLIP VIDÉO

RECOUPER UN CLIP VIDÉO

1 Cliquez le clip vidéo à recouper dans l'espace de travail.

■ La première image du clip apparaît dans cette zone.

2 Placez le pointeur ↘ sur la tête de lecture (▽).

3 Faites glisser la tête de lecture (▽) là où vous voulez recouper le clip.

Recoupez un clip vidéo pour en supprimer les parties que vous ne voulez pas garder dans votre montage final.

Vous pouvez recouper le début et/ou la fin d'un clip vidéo dans l'espace de travail. Cette opération ne modifie pas le fichier d'origine.

En recoupant un clip, vous réduisez la longueur et le poids du fichier de montage. Vous gagnez ainsi en espace de stockage et accélérez les temps de transfert du fichier sur l'Internet.

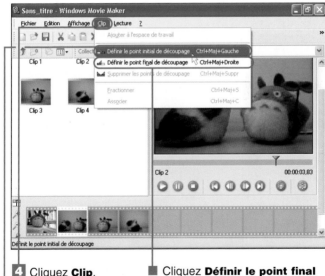

4 Cliquez **Clip**.

5 Cliquez **Définir le point initial de découpage** pour supprimer ce qui précède la tête de lecture (▼).

■ Cliquez **Définir le point final de découpage** pour supprimer ce qui suit la tête de lecture (▼).

*Note. Pour effacer les points de découpage définis pour un clip, cliquez ce dernier dans la table de montage, puis effectuez les étapes 4 et 5, en sélectionnant **Supprimer les points de découpage** à l'étape 5.*

CRÉER UNE TRANSITION

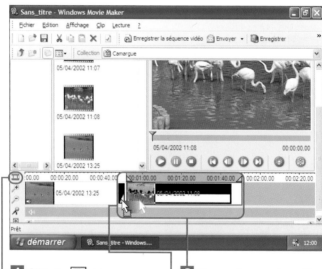

1 Cliquez  pour afficher les clips vidéo dans l'espace de travail en mode Chronologie (🔲 devient 🔲).

2 Pour créer une transition entre deux clips, placez le pointeur ▷ sur le deuxième clip.

3 Déplacez le deuxième clip sur le premier, de façon qu'ils se chevauchent.

172

Vous pouvez créer une transition atténuée entre deux clips vidéo consécutifs au sein d'un film. Le premier clip disparaît alors peu à peu pendant l'affichage progressif du suivant.

■ L'importance de la zone de superposition entre les deux clips détermine la longueur de la transition.

■ Pour afficher de nouveau les clips vidéo en mode Table de montage séquentiel, cliquez 🔳.

Note. Pour supprimer la transition par la suite, répétez les étapes 1 et 2, puis glissez-déposez le deuxième clip vers la droite, de façon qu'il ne chevauche plus le premier.

AJOUTER UN TITRE

■■■ AJOUTER UN TITRE ■■■

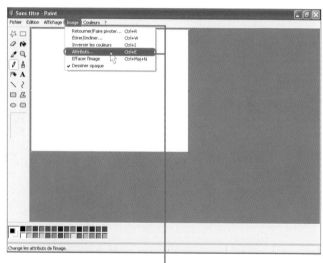

CRÉER LA DIAPOSITIVE DE TITRE

1 Ouvrez Microsoft Paint.

■ Cliquez **Démarrer** ⇨
Tous les programmes ⇨
Accessoires ⇨ **Paint**.

2 Cliquez **Image**.

3 Cliquez **Attributs**.

Une diapositive de titre fournit une information précise comme le nom de la vidéo, le nom des personnes filmées ou encore le lieu de tournage. Avec Movie Maker, commencez par créer une diapositive de titre à l'aide de Microsoft Paint ou de tout autre logiciel de dessin, puis importez la diapositive dans Movie Maker. La diapositive peut se composer uniquement de texte ou combiner images et textes.

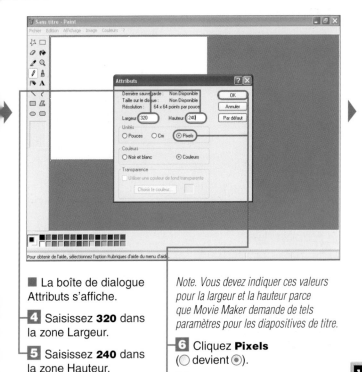

■ La boîte de dialogue Attributs s'affiche.

4 Saisissez **320** dans la zone Largeur.

5 Saisissez **240** dans la zone Hauteur.

Note. Vous devez indiquer ces valeurs pour la largeur et la hauteur parce que Movie Maker demande de tels paramètres pour les diapositives de titre.

6 Cliquez **Pixels** (○ devient ◉).

7 Cliquez **OK**.

AJOUTER UN TITRE

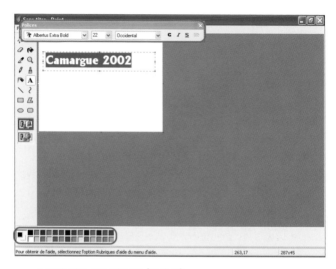

8 Cliquez l'outil Texte (A).

9 Cliquez l'emplacement où vous souhaitez placer le texte.

10 Saisissez le texte souhaité.

Dans Microsoft Paint, vous pouvez modifier le type, la taille et la couleur de la police de caractères.

Type et taille de la police

Cliquez 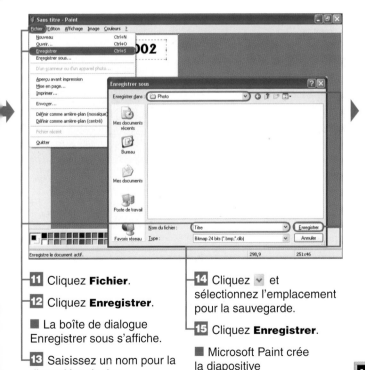 de la liste Nom de police ou de la liste Taille de police dans Microsoft Paint.

Barre de couleurs

Pour modifier la couleur de la police de caractères, cliquez la couleur souhaitée dans la barre de couleurs.

11 Cliquez **Fichier**.

12 Cliquez **Enregistrer**.

■ La boîte de dialogue Enregistrer sous s'affiche.

13 Saisissez un nom pour la diapositive de titre.

14 Cliquez ∨ et sélectionnez l'emplacement pour la sauvegarde.

15 Cliquez **Enregistrer**.

■ Microsoft Paint crée la diapositive de titre.

AJOUTER UN TITRE

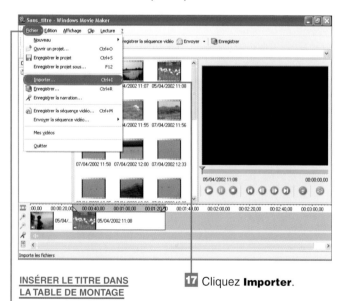

<u>INSÉRER LE TITRE DANS
LA TABLE DE MONTAGE</u>

17 Cliquez **Importer**.

16 Dans Movie Maker,
cliquez **Fichier**.

Vous pouvez importer des fichiers image dans Movie Maker. Placez ensuite cette image sous la forme d'un titre n'importe où dans la table de montage en la faisant simplement glisser.

Contrairement à iMovie, Windows Movie Maker est limité à des titres fixes. Pour plus d'informations sur les titres avec les autres programmes, consultez les autres sections de ce chapitre.

■ La boîte de dialogue Sélectionner le fichier à importer s'affiche.

18 Cliquez le fichier de l'image de titre.

19 Cliquez **Ouvrir**.

AJOUTER UN TITRE

■ Le fichier sélectionné s'affiche dans la liste Clips.

Note. Pour plus d'informations sur les différentes parties de la fenêtre de Movie Maker, consultez le chapitre 7.

20 Faites glisser la diapositive de titre à l'emplacement souhaité dans l'espace de travail.

Pour afficher la diapositive de titre par-dessus une autre séquence vidéo, cliquez la séquence et faites-la glisser sur une seconde séquence. Si vous le souhaitez, vous pouvez allonger la durée de la diapositive de titre en cliquant l'icône Point final de découpage (⧄) et en la faisant glisser vers la droite. Cela vous permet de créer une séquence de titre de la même longueur que la séquence vidéo sur laquelle vous souhaitez effectuer la surimpression.

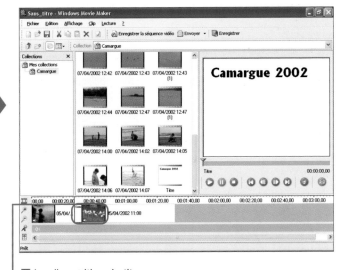

■ La diapositive de titre s'affiche dans l'espace de travail.

TYPES DE FICHIERS SONORES

MP3

MP3 *(Moving Picture Expert Group Audio Layer III)* est un format standard pour la création de fichiers compressés avec un son de qualité CD. Vous pouvez récupérer des titres sur des CD audio et les enregistrer au format MP3 à l'aide de programmes téléchargeables sur Internet. Vous trouverez également de nombreux fichiers musicaux (généralement payants) utilisant ce format sur Internet.

WAV

Les fichiers WAV *(Windows Audio)* sont des fichiers audio non compressés de qualité CD. Lorsque c'est possible, ce format est préférable au format MP3, la compression utilisée par ce dernier réduisant la qualité du fichier audio. Lors de la copie de CD audio, il faut préférer la création de fichiers WAV à celle de fichiers MP3 pour une meilleure qualité sonore de la vidéo.

Ajoutez de la musique dans votre vidéo à l'aide de différentes sources et en ouvrant différents types de fichiers sonores.

Faites attention lorsque vous utilisez de la musique possédant un copyright : vous pouvez employer une musique que vous avez achetée pour vos vidéos personnelles mais vous ne pouvez pas vendre vos vidéos sans autorisation.

DV

Vous pouvez capturer les pistes audio d'un fichier DV *(Digital Video)*. Lorsque vous importez un fichier vidéo dans votre programme de montage vidéo,
vous précisez que vous capturez uniquement la partie audio en sélectionnant l'option adéquate. Consultez la page 126 pour plus d'informations sur le format DV.

MOV

Les fichiers MOV *(Quicktime Movie)* contiennent généralement des pistes audio et vidéo. Importez la partie audio d'un tel fichier.

AIFF

Les fichiers AIFF *(Audio Interchange File Format)* sont des fichiers audio créés sur des ordinateurs Macintosh. Ces fichiers ne sont pas compressés et offrent un son de qualité CD semblable à
celui des fichiers WAV.

QUALITÉ DES FICHIERS AUDIO

FRÉQUENCE D'ÉCHANTILLONNAGE

La *fréquence d'échantillonnage* indique combien de fois par seconde l'ordinateur enregistre ou lit un fichier son. Plus la fréquence d'échantillonnage est élevée, meilleure est la qualité sonore. Toutefois, la taille est également plus importante. Sélectionnez la fréquence d'échantillonnage en fonction de la source de vos fichiers audio. Cette fréquence se mesure en kilohertz (kHz).

Fréquence d'échantillonnage	Description
8 kHz-22,225 kHZ	Plage de fréquence adaptée aux fichiers multimédias créés sur l'ordinateur.
32 kHz et 48 kHz	Vidéo numérique provenant d'un Caméscope numérique. Sélectionnez la valeur correspondant à votre Caméscope. La fréquence de 48 kHz offre une meilleure qualité audio.
44,1 kHz	CD audio ou entrée d'un microphone.

En travaillant avec l'audio numérique dans votre fichier vidéo, vous devez prendre en compte différents attributs de fichiers audio. Sélectionnez, par exemple, la fréquence d'échantillonnage et la quantification qui correspondent le mieux à vos fichiers audio.

QUANTIFICATION

La quantification (ou résolution) définit le nombre de bits de données (de 8 à 16) utilisés pour décrire chaque échantillon du flux audio. Il n'est pas possible de sélectionner une quantification supérieure, c'est-à-dire une dynamique sonore, supérieure à celle de la source. En diminuant la quantification, le fichier n'est pas plus petit parce que la conversion crée un fichier de plus grande taille. La plupart des codecs sont conçus pour des données audio sur 16 bits.

Quantification	Description
8 bits	Son de qualité faible. Idéal pour les fichiers transmis sur Internet.
12 bits	Quantification pour travailler avec la vidéo numérique.
16 bits	Meilleure qualité audio permise. Si possible, sélectionnez cette valeur pour de meilleurs résultats.

AJOUTER DE LA MUSIQUE À UN FILM

AJOUTER DE LA MUSIQUE À UN FILM

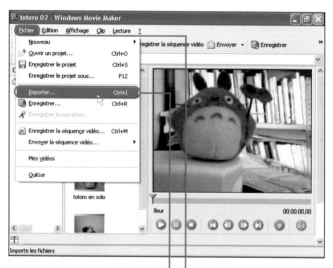

1 Cliquez la collection à laquelle vous voulez ajouter de la musique.

2 Cliquez **Fichier**.

3 Cliquez **Importer**.

Dynamisez votre vidéo au y ajoutant
de la musique.

La musique que vous ajoutez vous-même
à une vidéo ne remplace pas les sons des
clips vidéo qui la constituent.

La musique peut provenir d'un CD audio,
d'un enregistrement de vos propres
compositions, ou de l'Internet par voie
de téléchargement.

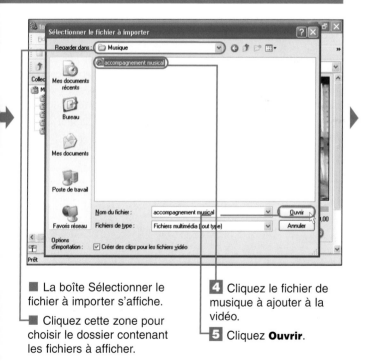

■ La boîte Sélectionner le
fichier à importer s'affiche.

■ Cliquez cette zone pour
choisir le dossier contenant
les fichiers à afficher.

4 Cliquez le fichier de
musique à ajouter à la
vidéo.

5 Cliquez **Ouvrir**.

AJOUTER DE LA MUSIQUE À UN FILM

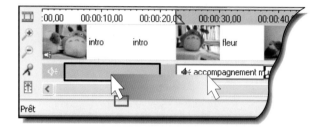

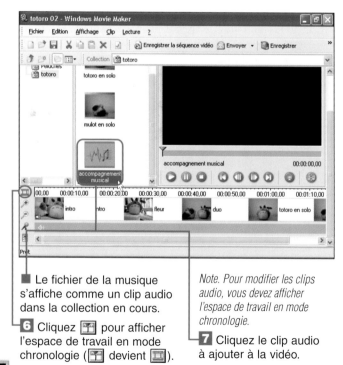

■ Le fichier de la musique s'affiche comme un clip audio dans la collection en cours.

6 Cliquez ▦ pour afficher l'espace de travail en mode chronologie (▦ devient ▦).

Note. Pour modifier les clips audio, vous devez afficher l'espace de travail en mode chronologie.

7 Cliquez le clip audio à ajouter à la vidéo.

Pour modifier l'emplacement auquel doit commencer la musique, cliquez 🔳 afin d'afficher l'espace de travail en mode chronologie (🔳 devient 🔳). Cliquez le clip audio de la musique, puis déplacez-le à l'endroit voulu.

Pour afficher de nouveau l'espace de travail en mode séquentiel, cliquez 🔳.

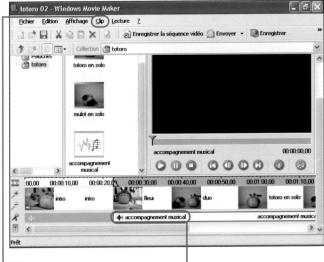

■ 8 Cliquez **Clip**.

■ 9 Cliquez **Ajouter à l'espace de travail**.

■ Le clip audio apparaît dans la partie inférieure de l'espace de travail.

Note. Pour supprimer la musique du montage, cliquez son clip audio dans l'espace de travail, puis appuyez sur Suppr.

ENREGISTRER UN COMMENTAIRE

Jacques teste un nouveau modèle de VTT, avant la commercialisation.

ENREGISTRER UN COMMENTAIRE

1 Cliquez 🎞 pour afficher l'espace de travail en mode chronologie (🎞 devient 🎞).

Note. Pour enregistrer un commentaire, vous devez impérativement afficher l'espace de travail en mode chronologie.

2 Cliquez une zone vide de l'espace de travail.

Agrémentez votre vidéo
d'un commentaire que vous
enregistrez vous-même.

Une carte son et un
microphone sont
indispensables pour
réaliser cette opération.

3 Cliquez cette flèche
(▼) puis déplacez-la à
l'endroit où commencera
le commentaire.

4 Cliquez 🔊.

ENREGISTRER UN COMMENTAIRE

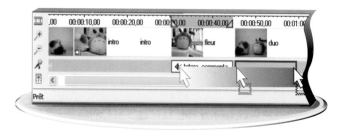

■ La boîte de dialogue Enregistrer la narration s'affiche.

5 Si les clips vidéo de votre montage contiennent du son, cliquez cette option pour ne pas entendre ce dernier pendant l'enregistrement du commentaire (☐ devient ☑).

6 Pour augmenter ou diminuer le volume, faites glisser ce curseur vers le haut ou le bas.

7 Cliquez **Enregistrer** pour commencer l'enregistrement du

Pour modifier l'emplacement auquel doit commencer le commentaire, cliquez ⊞ afin d'afficher l'espace de travail en mode chronologie (⊞ devient ▥). Cliquez le clip audio du commentaire, puis déplacez-le à l'endroit voulu.

Pour afficher de nouveau l'espace de travail en mode séquentiel, cliquez ▥.

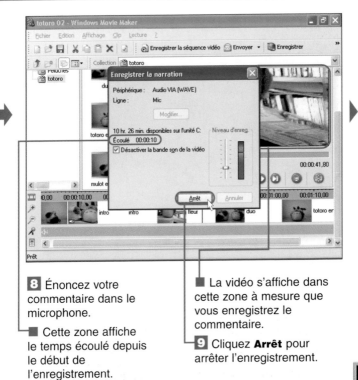

8 Énoncez votre commentaire dans le microphone.

■ Cette zone affiche le temps écoulé depuis le début de l'enregistrement.

■ La vidéo s'affiche dans cette zone à mesure que vous enregistrez le commentaire.

9 Cliquez **Arrêt** pour arrêter l'enregistrement.

ENREGISTRER UN COMMENTAIRE

■ La boîte de dialogue Enregistrer le fichier son de narration s'affiche.

10 Saisissez un nom pour le fichier audio.

■ Cliquez cette zone pour changer le dossier où stocker le fichier audio.

11 Cliquez **Enregistrer** pour sauvegarder le fichier.

Quand vous avez fini d'enregistrer votre commentaire, Movie Maker propose de sauvegarder ce dernier sur l'ordinateur sous forme de fichier audio.

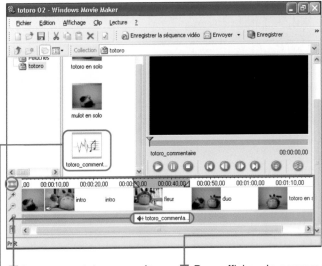

■ Le commentaire apparaît sous forme de clip audio sous les clips vidéo dans la chronologie.

■ Le commentaire apparaît également sous forme de clip audio dans la collection en cours.

■ Pour afficher de nouveau l'espace de travail en mode séquentiel, cliquez ▦.

Note. Pour supprimer un commentaire du montage, cliquez son clip audio dans l'espace de travail, puis appuyez sur Suppr.

AJUSTER LE NIVEAU SONORE

AJUSTER LE NIVEAU SONORE

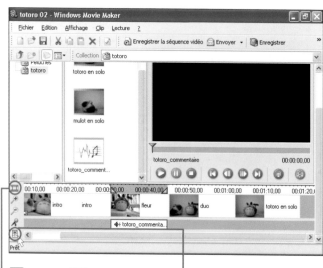

1 Cliquez 🔲 pour afficher l'espace de travail en mode chronologie.

Note. Pour pouvoir modifier les clips audio, vous devez impérativement afficher l'espace de travail en mode chronologie.

2 Cliquez 🔲 pour régler le niveau sonore du montage.

■ La boîte de dialogue Curseur de balance audio apparaît.

Réglez le niveau sonore de la musique ou du commentaire accompagnant votre vidéo afin qu'il soit plus ou moins élevé que le son original des clips vidéo.

Par exemple, faites en sorte que la musique d'accompagnement soit jouée de façon discrète en fond sonore de la vidéo. Par défaut, musique et commentaire ajoutés au montage sont au même niveau que les sons des clips vidéo.

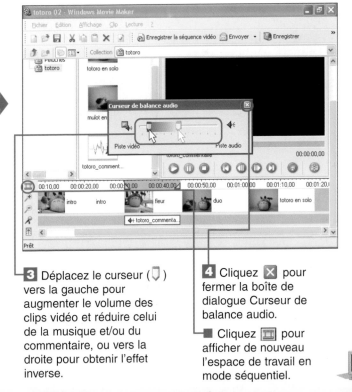

3 Déplacez le curseur ( ) vers la gauche pour augmenter le volume des clips vidéo et réduire celui de la musique et/ou du commentaire, ou vers la droite pour obtenir l'effet inverse.

4 Cliquez ✖ pour fermer la boîte de dialogue Curseur de balance audio.

■ Cliquez 🖽 pour afficher de nouveau l'espace de travail en mode séquentiel.

ENREGISTRER UN PROJET

■ ENREGISTRER UN PROJET ■

1 Cliquez 🖫 pour enregistrer votre projet.

■ La boîte de dialogue Enregistrer le projet apparaît.

Note. Si le projet a déjà été enregistré, la boîte de dialogue Enregistrer le projet n'apparaît pas, car celui-ci a déjà reçu un nom.

Vous pouvez enregistrer un projet pour le reprendre et le modifier ultérieurement.

Un projet est une ébauche de film, contenant tous les clips vidéo que vous avez placés dans l'espace de travail. Pour éviter de perdre votre travail, enregistrez régulièrement les modifications que vous apportez à un projet.

2 Saisissez un nom pour votre projet.

◼ Cette zone affiche l'emplacement où Movie Maker va enregistrer le projet. Pour changer d'emplacement, cliquez cette zone.

3 Cliquez **Enregistrer** pour enregistrer votre projet.

OUVRIR UN PROJET

OUVRIR UN PROJET

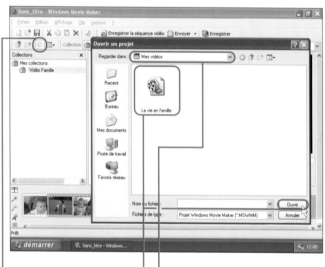

1 Cliquez 📂 pour ouvrir un projet.

■ La boîte de dialogue Ouvrir un projet apparaît.

■ L'emplacement des projets affichés apparaît dans cette zone. Pour changer d'emplacement, cliquez cette zone.

2 Cliquez le nom du projet à ouvrir.

3 Cliquez **Ouvrir**.

Vous pouvez ouvrir un projet enregistré pour afficher son contenu à l'écran. Vous pouvez ainsi le visionner et le modifier.

Un projet est une ébauche de film, contenant tous les clips vidéo que vous avez placés dans l'espace de travail.

Vous ne pouvez travailler qu'avec un seul projet à la fois. Si vous êtes en train de travailler sur un projet, veillez à l'enregistrer avant de chercher à en ouvrir un autre. Pour enregistrer un projet, consultez la page 198.

■ Le projet s'ouvre, et les clips vidéo qu'il contient apparaissent dans l'espace de travail. Vous pouvez maintenant visionner les clips et les modifier dans l'espace de travail.

PRÉVISUALISER UN FILM

PRÉVISUALISER UN FILM

1 Cliquez un espace libre dans l'espace de travail.

2 Cliquez ⬤ pour prévisualiser l'ensemble des clips vidéo de l'espace de travail.

Vous pouvez prévisualiser le film constitué par les clips vidéo que vous avez placés dans l'espace de travail.

■ Le film se déroule dans cette zone.

■ Une bordure blanche apparaît autour du clip vidéo en cours de lecture.

■ Cette flèche (Y) indique la progression du film.

3 Vous pouvez à tout moment cliquer ces boutons pour suspendre ⏸ ou pour arrêter ⏹ le film.

Note. Pour prévisualiser de nouveau le film, cliquez ▶.

ENREGISTRER UN FILM

1 Cliquez **Enregistrer la séquence vidéo** pour enregistrer en tant que film les clips vidéo placés dans l'espace de travail.

■ La boîte de dialogue Enregistrer la séquence vidéo apparaît.

Après avoir ajouté à l'espace de travail tous les clips vidéo à inclure dans votre film, vous pouvez enregistrer le film sur votre ordinateur.

Enregistrer un film permet de le visionner quand vous voulez, et de le partager avec votre famille et vos amis.

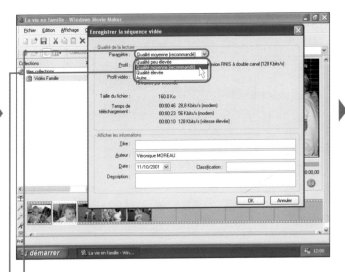

2 Cliquez cette zone pour afficher la liste des paramètres de qualité disponibles pour le film.

3 Cliquez le paramètre de qualité à utiliser.

Note. Les qualités les plus élevées produisent des fichiers plus gros. Faites attention à ne pas sélectionner une qualité plus élevée que celle que vous avez utilisée pour enregistrer votre vidéo.

ENREGISTRER UN FILM

Comment puis-je partager un film
avec ma famille et mes amis ?

**Envoyer un film par courrier
électronique**

Vous pouvez envoyer un film
à qui vous voulez dans un
message électronique. Il vaut
mieux faire en sorte que le film ne fasse pas plus
de deux mégaoctets (ou 2 000 Ko), car la plupart
des fournisseurs de services limitent la taille des
messages que vous pouvez envoyer et recevoir par
Internet. Pour envoyer un film par courrier
électronique, consultez la page 54.

■ ENREGISTRER UN FILM (SUITE) ■

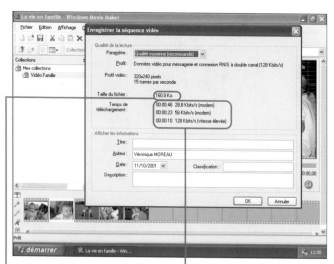

■ La taille du fichier
du film est affichée
dans cette zone.

■ Cette zone affiche une
estimation du temps
maximal que prendra le
transfert du film sur un
autre ordinateur pour trois
types différents de
connexions Internet.

Copier un film sur CD

Si vous disposez d'un graveur de CD, vous pouvez placer sur CD une copie du film. Cela vous permet ensuite de partager le CD avec d'autres utilisateurs. Pour copier un film sur CD, consultez la page 212.

Publier un film sur le Web

Vous pouvez publier un film sur le Web afin de permettre aux internautes de le visualiser. Pour publier un film sur le Web, consultez la page 58.

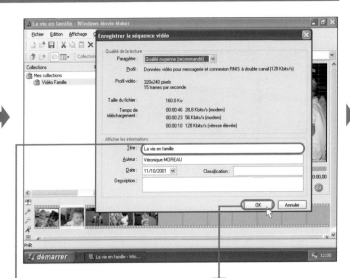

4 Vous pouvez cliquer cette zone et saisir un titre pour le film.

Note. Le titre saisi sera visible pour les personnes qui visionneront votre film avec le Lecteur Windows Media.

5 Cliquez **OK** pour continuer.

ENREGISTRER UN FILM

━━━ ENREGISTRER UN FILM (SUITE) ━━━

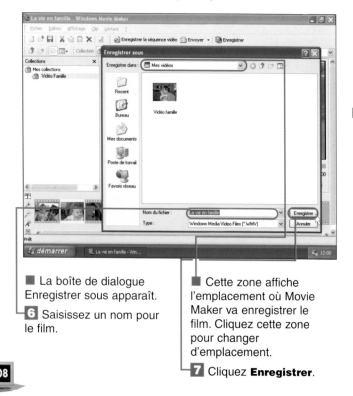

■ La boîte de dialogue Enregistrer sous apparaît.

6 Saisissez un nom pour le film.

■ Cette zone affiche l'emplacement où Movie Maker va enregistrer le film. Cliquez cette zone pour changer d'emplacement.

7 Cliquez **Enregistrer**.

Une fois que vous avez enregistré un film
sur votre ordinateur, vous pouvez le
visionner avec le Lecteur Windows Media.

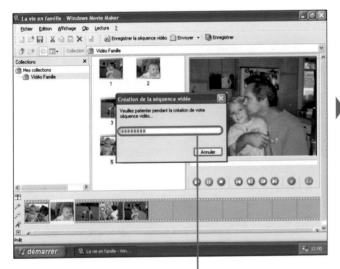

■ La boîte de dialogue
Création de la séquence
vidéo apparaît pendant
que Movie Maker crée
le film.

■ Cette zone affiche
l'état d'avancement de
la création du film.

ENREGISTRER UN FILM

Comment faire pour
visualiser un film que
j'ai enregistré ?

Windows enregistre
automatiquement vos films
dans le dossier Mes vidéos
de votre ordinateur, lui
même situé dans le dossier
Mes documents. Pour
visionner un film, double-
cliquez son icône dans le
dossier Mes vidéos.

■ ENREGISTRER UN FILM (SUITE) ■

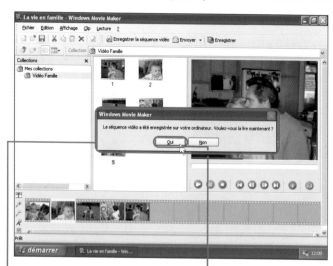

■ Quand Movie Maker a
fini de créer et d'enregistrer
votre film, une boîte de
dialogue apparaît.

8 Cliquez **Oui** pour
visionner le film
maintenant.

*Note. Si vous ne voulez pas
visionner le film maintenant,
cliquez **Non**.*

Puis-je modifier un film précédemment enregistré ?

Non. Il est impossible de modifier un film enregistré. Movie Maker permet uniquement de modifier un projet, qui n'est qu'une simple ébauche d'un film. Pour ouvrir un projet, consultez la page 200.

■ Le Lecteur Windows Media apparaît.

■ Le film se déroule dans cette zone.

9 Pour interrompre ou stopper le film, cliquez ⏸ ou ⏹ (⏸ devient ▶).

Note. Pour reprendre le visionnage du film, cliquez ▶ .

10 Quand vous avez fini de visionner le film, cliquez ✕ pour fermer la fenêtre du Lecteur Windows Media.

COPIER DES FICHIERS SUR CD

━ SÉLECTIONNER LES FICHIERS À COPIER ━

1 Insérez un CD dans le graveur de CD.

■ Une boîte de dialogue peut apparaître et demander de préciser ce que Windows doit faire.

2 Cliquez **Ne rien faire**.

3 Cliquez **OK**.

Note. À la place de la boîte de dialogue, vous verrez peut-être apparaître une fenêtre affichant le contenu du CD. Cliquez ☒ *pour refermer la fenêtre.*

Vous pouvez copier sur un CD des fichiers
tels que des documents et des images.

Pour pouvoir copier des fichiers sur CD, vous
devez disposer d'un lecteur de CD inscriptible. Pour
plus d'informations à ce sujet, consultez le haut de
la page 222.

Si vous souhaitez enregistrer des fichiers musicaux
sur un CD, consultez la page 221. Vous y
apprendrez comment copier sur CD des morceaux
musicaux à l'aide du Lecteur Windows Media.

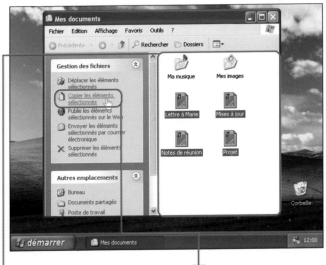

4 Sélectionnez les
fichiers à copier sur CD.

5 Cliquez **Copier les
éléments sélectionnés**.

*Note. Si vous n'avez sélectionné
qu'un seul fichier, cliquez **Copier
ce fichier** à l'étape **5**.*

COPIER DES FICHIERS SUR CD

Pourquoi vouloir copier des fichiers sur CD ?

Le fait de copier des fichiers sur CD permet de transférer de grande quantité d'informations entre plusieurs ordinateurs, ou d'effectuer des copies de sauvegarde des fichiers enregistrés sur votre ordinateur. Vous disposez ainsi d'une copie de secours supplémentaire en cas d'effacement involontaire des fichiers ou d'une panne d'ordinateur.

SÉLECTIONNER LES FICHIERS À COPIER (SUITE)

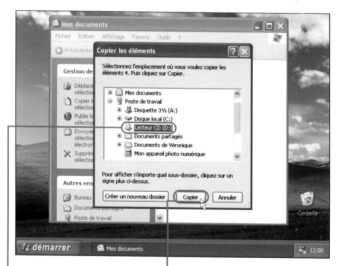

■ La boîte de dialogue Copier les éléments apparaît.

6 Cliquez le graveur de CD qui contient le CD sur lequel copier les fichiers.

7 Cliquez **Copier** pour placer une copie des fichiers dans une zone de stockage temporaire de l'ordinateur, jusqu'à ce que vous les copiez sur CD.

■ Répétez les étapes **4** à **7** pour chaque jeu de fichiers que vous souhaitez copier sur CD.

Puis-je copier un dossier sur CD ?

Oui, vous copiez des dossiers sur CD de la même manière que des fichiers. Dans ce cas, Windows copie également l'ensemble des fichiers contenu dans le dossier. Pour copier un dossier sur CD, effectuez les étapes **1** à **7** de la page précédente, en veillant à sélectionner la commande **Copier ce dossier** à l'étape **5**. Appliquez ensuite les étapes **1** à **8** des pages 215 à 219.

COPIER SUR CD LES FICHIERS SÉLECTIONNÉS

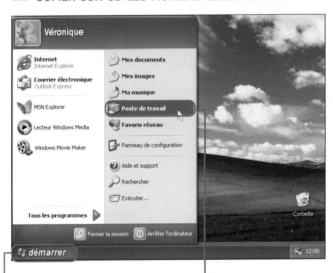

1 Cliquez **démarrer** pour afficher le menu Démarrer.

2 Cliquez **Poste de travail** pour visualiser le contenu de votre ordinateur.

COPIER DES FICHIERS SUR CD

■■■ COPIER SUR CD LES FICHIERS SÉLECTIONNÉS (SUITE) ■■■■

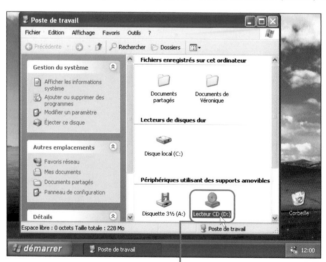

■ La fenêtre Poste de travail apparaît.

3 Double cliquez le graveur de CD qui contient le CD sur lequel copier les fichiers.

Avant de copier sur CD les fichiers
sélectionnés, Windows les enregistre dans
une zone de stockage temporaire de votre
ordinateur. Vous avez ainsi la possibilité de
vérifier les fichiers sélectionnés avant de
les copier véritablement sur CD.

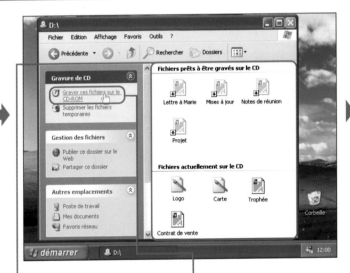

■ Une fenêtre apparaît.
Elle présente les fichiers
contenus dans la zone de
stockage temporaire de
votre ordinateur, ainsi
que les fichiers déjà
enregistrés sur le CD.

*Note. Si la fenêtre contient un
fichier que vous ne souhaitez
plus copier sur CD, vous pouvez
le supprimer.*

4 Cliquez **Graver ces
fichiers sur le CD-Rom**.

COPIER DES FICHIERS SUR CD

Puis-je copier en plusieurs fois des fichiers sur un CD?

Oui. Cependant, chaque fois que vous copiez des fichiers sur un CD, environ 20 Mo d'informations supplémentaires sont enregistrées. Pour faire meilleur usage de l'espace de stockage proposé par le CD, il est préférable de copier simultanément l'ensemble des fichiers.

COPIER SUR CD LES FICHIERS SÉLECTIONNÉS (SUITE)

■ L'assistant apparaît.

5 Saisissez un nom pour le CD.

Note. Le nom que vous spécifiez apparaîtra dans la fenêtre Poste de travail une fois le CD inséré dans le lecteur.

6 Cliquez **Suivant** pour copier les fichiers sur le CD.

Comment écraser un CD-RW ?

Vous pouvez écraser le contenu d'un CD-RW pour supprimer de manière définitive l'ensemble des fichiers. Il est en revanche impossible d'écraser le contenu d'un CD-R.

1 Affichez le contenu de votre CD-RW.

2 Cliquez **Effacer ce CD-RW**.

■ Un assistant apparaît. Suivez ses instructions pour écraser le disque.

■ Ce message apparaît lorsque la copie des fichiers a été couronnée de succès.

Note. Windows éjecte automatiquement le CD du graveur une fois la copie des fichiers achevée.

7 Cliquez **Terminer** pour fermer l'assistant.

8 Cliquez ☒ pour fermer la fenêtre du graveur.

COPIER DES CHANSONS SUR CD-R OU PÉRIPHÉRIQUE PORTABLE

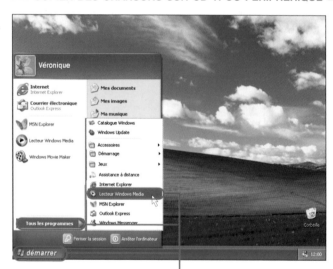

■■ COPIER DES CHANSONS SUR CD-R OU PÉRIPHÉRIQUE ■■

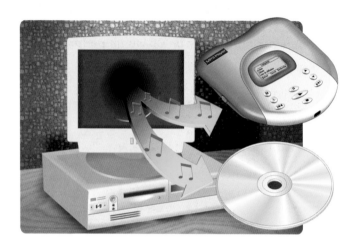

1 Pour copier des chansons sur un CD, insérez un CD vierge dans le graveur de CD.

*Note. Lorsque vous insérez un CD vierge dans le graveur, une boîte de dialogue apparaît et demande ce que Windows doit faire. Cliquez **Annuler** pour fermer la boîte de dialogue.*

2 Cliquez **démarrer** pour afficher le menu Démarrer.

3 Pointez **Tous les programmes** pour afficher la liste des programmes installés.

4 Cliquez **Lecteur Windows Media**.

Vous pouvez utiliser le Lecteur Windows Media pour copier les chansons enregistrées sur votre ordinateur sur un CD ou un périphérique portable, par exemple un lecteur MP3.

Lorsque vous faites appel au Lecteur Windows Media pour copier des chansons, vous ne pouvez copier que les morceaux affichés dans la Bibliothèque multimédia. Pour plus de détails sur l'utilisation de cette dernière, consultez la page 90. Pour ajouter des morceaux à cette bibliothèque à partir d'un CD audio, consultez la page 110.

Lors de la copie de chansons sur un CD, n'effectuez aucune autre tâche sur votre ordinateur, faute de quoi le Lecteur Windows Media risque d'arrêter la copie.

■ La fenêtre Lecteur Windows Media apparaît.

5 Cliquez l'onglet **Copier sur un périphérique portable ou un CD inscriptible**.

■ Si cet onglet n'est pas affiché, cliquez la flèche (≋).

6 Cliquez cette zone pour afficher la liste des catégories de la Bibliothèque multimédia.

7 Cliquez la catégorie contenant les chansons à copier.

COPIER DES CHANSONS SUR CD-R
OU PÉRIPHÉRIQUE PORTABLE

Puis-je copier des chansons sur un CD en plusieurs étapes ?

En utilisant le Lecteur Windows Media, vous devrez effectuer la copie en une seule opération. Comme vous devez copier l'ensemble des morceaux en une fois, assurez-vous d'avoir bien sélectionné toutes les chansons que vous souhaitez copier.

■ Cette zone affiche les chansons de la catégorie sélectionnée. Le Lecteur Windows Media copie chaque chanson affectée d'une coche (✓).

8 Pour ajouter ou retirer une coche, cliquez la case (☐) devant le nom de la chanson.

■ Cette zone affiche le périphérique vers lequel la copie sera effectuée. Vous pouvez cliquer cette zone pour sélectionner un autre périphérique.

9 Cliquez **Copier la musique** pour lancer la copie.

Quel matériel faut-il pour copier des chansons sur un CD inscriptible ?

Il vous faut un graveur de CD inscriptibles pour copier des chansons sur un CD.

Graveur CD-R

Un graveur CD-R *(Compact Disc-Recordable)* permet d'enregistrer durablement des données sur un disque CD-R. Il n'est pas possible de supprimer le contenu d'un CD-R.

Graveur CD-RW

Un graveur CD-RW *(Compact Disc-ReWritable)* permet d'enregistrer durablement des données sur un disque CD-R ou CD-RW. Le contenu d'un disque CD-RW peut être effacé et remplacé par d'autres données. Pour effacer le contenu d'un CD-RW, consultez le haut de la page 218.

■ Cette colonne indique l'avancement de la copie.

■ Pour interrompre la copie à tout moment, cliquez **Annuler**.

■ Lorsque la copie est terminée, cette zone affiche toutes les chansons copiées vers le périphérique.

Note. Lorsque vous copiez des chansons sur un CD, Windows éjecte automatiquement le CD du graveur lorsque la copie est terminée.

10 Cliquez ✕ pour fermer la fenêtre Lecteur Windows Media.

INDEX

INDEX

Poche **VISUEL**

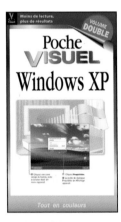

**Windows XP
volume double Poche Visuel**

65 3282 4   13,90 €

**Internet et le Web
volume double Poche Visuel**

65 3333 5   13,90 €

**Office XP
volume double Poche Visuel**

65 3244 4   13,90 €

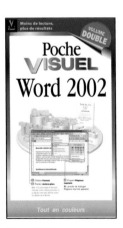

**Word 2002
volume double Poche Visuel**

65 3343 4   13,90 €

Poche
VISUEL

Windows XP et Internet
volume double Poche Visuel

65 3376 4   13,90 €

Photographie numérique
Poche Visuel

65 3221 2   9,90 €

Excel 2002
volume double Poche Visuel

65 3326 9   13,90 €

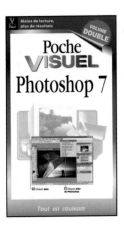

Photoshop 7
volume double Poche Visuel

65 3402 8   14,90 €

Poche VISUEL

iMac
Poche Visuel

65 3089 3 10,52 €

Le PC 2ᵉ édition
Poche Visuel

65 3133 9 10,52 €

PowerPoint 2002
Poche Visuel

65 3380 6 9,90 €

Access 2002
Poche Visuel

65 3379 8 9,90 €

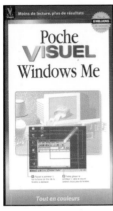

Windows Me
Poche Visuel

65 3001 8   10,52 €

Flash 5
Poche Visuel

65 3131 3   10,52 €

Fireworks 4
Poche Visuel

65 3170 1   9,90 €

Initiation Réseaux
Poche Visuel

65 3136 2   10,52 €

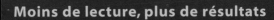

Poche
VISUEL

Plus de
10 MILLIONS
de lecteurs
satisfaits

Excel 97 Poche Visuel		
	65 0004 5	10,52 €
Excel 2000 Poche Visuel		
	65 0090 4	10,52 €
Excel 2000 Plus fort ! Poche Visuel		
	65 0099 5	10,52 €
Photoshop 6 Poche Visuel		
	65 3134 7	10,52 €
PowerPoint 2000 Poche Visuel		
	65 0098 7	10,52 €
Windows 98 Poche Visuel		
	65 0006 0	10,52 €
Windows 98 Plus fort ! Poche Visuel		
	65 0035 9	10,52 €
Windows 98 et Internet Poche Visuel		
	65 0047 4	10,52 €
Windows Me Plus fort ! Poche Visuel		
	65 3002 6	10,52 €
Windows Me et Internet Poche Visuel		
	65 3096 8	10,52 €
Word 97 Poche Visuel		
	65 0007 8	10,52 €
Word 2000 Poche Visuel		
	65 0088 8	10,52 €
Word 2000 Plus fort ! Poche Visuel		
	65 0091 2	10,52 €